KI

Hillard &

ELEMENTARY
GREEK EXERCISES

KEY *to*
Hillard & Botting's
ELEMENTARY
GREEK EXERCISES

BY

CECIL GEORGE BOTTING, M.A.
(1870–1929)
LATE ASSISTANT MASTER AT ST PAUL'S SCHOOL, LONDON

REVISED BY
NIGEL WETTERS GOURLAY

Key to Hillard & Botting's Elementary Greek Exercises

Printing History

    September 2017 First Edition, ISBN 978-981-11-5005-0

    January 2018   Reprinted with corrections.

Acknowledgements

I would like to thank the following individuals for providing corrections to earlier versions of this book: Josh Dillon.

KEY TO
ELEMENTARY GREEK EXERCISES

Answer 1.

1. λύω τὰς πέδας.
2. ἐν τῇ θαλάττῃ.
3. ἡ τῶν μουσῶν σοφία.
4. ἐν τῇ τῆς μούσης χώρᾳ.
5. παύουσι τὴν μάχην.
6. λύεις τὰς πέδας.
7. ἡ τῆς μούσης ἀρετή.
8. παύει τὴν μάχην.
9. λύουσι πέδας.
10. ἡ τῆς θεᾶς σοφία.

Answer 2.

1. λύομεν τὴν θεάν.
2. παύεις τὴν μάχην.
3. ἡ ἀρετὴ λύει τὴν γλῶτταν.
4. ἡ τῆς χώρας θεά.
5. παύουσι τὰς μάχας.
6. λύουσι τὰς μούσας.
7. ἐν τῇ τῆς θεᾶς χώρᾳ.
8. ἐν ταῖς θαλάτταις.
9. λύει τὰς πέδας.
10. λύεις τὰς θεάς.

Answer 3.

1. ἡ τῆς μούσης ἀρετή.
2. ἡ τῆς θαλάττης θεά.
3. ἡ τῆς γλώττης σοφία.
4. παύομεν τὴν μάχην ἐν τῇ χώρᾳ.
5. ἡ θεὰ παύει τὴν μάχην.
6. λύει τὰς τῆς θεᾶς πέδας.
7. ἡ σοφία παύει μάχας.
8. λύεις τὰς μούσας.
9. λύουσι τὴν τῆς χώρας θεάν.
10. ἐν τῇ τῶν μουσῶν χώρᾳ.

Answer 4.

1. λύσουσι τὴν στρατιάν.
2. θηρεύω τὴν ἀρετὴν καὶ (τὴν) σοφίαν.
3. ἐν τῇ τῆς θεᾶς οἰκίᾳ.
4. ἡ θεὰ κωλύσει τὴν νίκην.
5. λύσομεν τὰς πέδας.
6. θηρεύσουσι τὴν ἀρετήν.
7. ἡ τῆς στρατιᾶς τιμή.
8. κωλύσουσι τὴν θεάν.
9. ἡ τῶν μουσῶν νίκη.
10. θηρεύσουσιν ἐν τῇ γῇ.

Answer 5.

1. παύσομεν τὰς μάχας.
2. αἱ θεαὶ λύσουσι τὰς πέδας.
3. θηρεύσει τὴν ἀρετὴν καὶ σοφίαν.
4. κωλύσει τὴν τῆς στρατιᾶς νίκην.
5. ἐν ταῖς τῶν μουσῶν οἰκίαις.
6. ἡ μοῦσα λύσει τὰς πέδας.
7. θηρεύει τὴν τιμήν.
8. κωλύσομεν τὴν νίκην.
9. λύει τὴν τῆς χώρας στρατιάν.
10. λύσουσι τὰς πέδας ἐν τῇ οἰκίᾳ.

Answer 6.

1. ἡ τῆς μούσης καὶ τῆς θεᾶς τιμή.
2. λύσουσι τὴν τῆς γῆς στρατιάν.
3. ἡ στρατιὰ θηρεύει τὴν τιμὴν καὶ τὴν ἀρετήν.
4. κωλύσομεν τὴν τῆς θεᾶς νίκην.
5. παύσει τὴν μάχην.
6. ἡ θεὰ λύσει τὰς πέδας.
7. ἡ στρατιὰ θηρεύσει τὴν νίκην.
8. ἐν τῇ οἰκίᾳ καὶ ἐν τῇ θαλάττῃ.
9. κωλύσεις τὴν τῆς στρατιᾶς νίκην.
10. θηρεύσεις τὴν τιμήν.

Answer 7.

1. ὁ ταμίας ἔλυε τὰς πέδας.
2. θηρεύσομεν τὸν νεανίαν ἐκ τῆς γῆς.
3. ἐκώλυον τὴν τῶν πολιτῶν νίκην.
4. ἐλύομεν τοὺς κριτάς.
5. παύεις τὴν μάχην.
6. ἐθήρευον τὸν ταμίαν ἐκ τῆς οἰκίας.
7. ἡ στρατιὰ θηρεύσει τοὺς πολίτας.
8. ἡ τῶν πολιτῶν νίκη λύσει τὴν στρατιάν.
9. οἱ πολῖται θηρεύουσι τὴν τιμὴν καὶ ἀρετήν.
10. ὁ κριτὴς ἔλυε τὸν ταμίαν.

Answer 8.

1. ἡ νίκη λύσει τὰς τῶν πολιτῶν γλώττας.
2. ὁ κριτὴς ἐθήρευε τὸν ταμίαν ἐκ τῆς οἰκίας.
3. οἱ πολῖται ἔπαυον τὴν μάχην.
4. λύσω τὸν τῆς γῆς ταμίαν.
5. θηρεύουσι τὸν κριτὴν ἐκ τῆς γῆς.
6. ἡ νίκη λύει τὴν τοῦ νεανίου γλῶτταν.
7. ἐθήρευον τοὺς πολίτας ἐκ τῶν οἰκιῶν.
8. οἱ κριταὶ ἐκώλυον τὴν τῶν πολιτῶν νίκην.
9. ἡ θεὰ ἔπαυε τὴν μάχην.
10. ἐπαίδευον τοὺς νεανίας ἐν τῇ σοφίᾳ.

Answer 9.

1. οἱ κριταὶ παιδεύουσι τοὺς πολίτας ἐν τῇ ἀρετῇ.
2. ἐθήρευον ἐν τῇ χώρᾳ.
3. ἐθήρευες τὴν ἀρετὴν ἐκ τῆς γῆς.
4. αἱ μοῦσαι παιδεύσουσι τὸν νεανίαν ἐν τῇ σοφίᾳ.
5. ἡ τοῦ πολίτου ἀρετὴ παύσει τὴν μάχην.
6. ἐπαιδεύομεν τοὺς ταμίας ἐν ταῖς οἰκίαις.
7. οἱ κριταὶ ἔλυον τὰς πέδας.
8. ἡ στρατιὰ θηρεύει τοὺς κριτὰς ἐκ τῆς γῆς.
9. παιδεύει τήν στρατιὰν ἐν τῇ χώρᾳ.
10. οἱ πολῖται θηρεύσουσι τήν τιμὴν καὶ τὴν σοφίαν.

Answer 10.

1. οἱ ναῦται ἐθήρευον τοὺς ταμίας.
2. παιδεύσει τοὺς στρατιώτας ἐν τῇ ἀρετῇ.
3. οἱ πολῖται ἐθήρευσαν τὸν νεανίαν πρὸς τὰς πύλας.
4. ἡ θεὰ ἐκώλυσε τὴν τῶν στρατιωτῶν νίκην.
5. ἐθήρευσαν τοὺς ναύτας εἰς τὴν θάλατταν.
6. παιδεύουσι τὸν ναύτην ἐν τῇ σοφίᾳ.
7. οἱ κριταὶ ἐθήρευον τὸν νεανίαν πρὸς τὴν οἰκίαν.
8. ἐπαίδευσε τοὺς στρατιώτας ἐν τῇ χώρᾳ.
9. οἱ στρατιῶται ἐθήρευον τὸν ναύτην εἰς τὴν οἰκίαν.
10. ὁ κριτὴς ἔλυσε τὰς πέδας ἐν τῇ οἰκίᾳ.

Answer 11.

1. ἐθηρεύσαμεν ἐν τῇ τοῦ κριτοῦ γῇ.
2. ὁ στρατιώτης ἔλυσε τὰς πέδας.
3. ἐθήρευσε τὸν στρατιώτην πρὸς τὴν πύλην.
4. ἐθήρευσας τὸν νεανίαν ἐκ τῆς οἰκίας.
5. ὁ στρατιώτης θηρεύσει τὴν σοφίαν ἐν τῇ χώρᾳ.
6. ὁ κριτὴς ἔπαυσε τὴν τῶν πολιτῶν μάχην.
7. ἐπαιδεύσαμεν τὴν θεὰν ἐν τῇ σοφίᾳ.
8. ἐθήρευσας τὸν ταμίαν ἐκ τῆς γῆς.
9. θηρεύσουσι τὸν ναύτην εἰς τὴν θάλατταν.
10. ἡ νίκη ἔλυσε τὰς τῶν πολιτῶν γλώττας.

Answer 12.

1. οἱ στρατιῶται καὶ ναῦται θηρεύουσι τὴν τιμήν.
2. οἱ στρατιῶται ἐκώλυσαν τὴν νίκην.
3. ἡ θεὰ παιδεύσει τὸν ναύτην ἐν τῇ ἀρετῇ.
4. οἱ πολῖται θηρεύουσι τὸν κριτὴν εἰς τὴν οἰκίαν.
5. ὁ ταμίας ἐκώλυσε τὴν τῶν νεανιῶν νίκην.
6. ἐθήρευσα τὸν κριτὴν πρὸς τὰς τῆς οἰκίας πύλας.
7. ὁ στρατιώτης λύσει τὸν τῆς γῆς κριτήν.
8. οἱ ναῦται ἔλυσαν τὰς πέδας ἐν τῇ οἰκίᾳ.
9. ἡ τῶν ναυτῶν νίκη ἔλυσε τὴν στρατιάν.
10. οἱ ναῦται ἐθήρευσαν τοὺς στρατιώτας πρὸς τὰς τῆς
    οἰκίας πύλας.

Answer 13.

1. ἐθήρευσαν τοὺς ἀνθρώπους πρὸς τὴν πύλην.
2. ὁ στρατηγὸς πεπαίδευκε τοὺς στρατιώτας ἐν πολέμῳ.
3. ἐθήρευσαν τὸν ναύτην εἰς τὸν ποταμόν.
4. οἱ κριταὶ παιδεύουσι τοὺς πολίτας ἐν τῷ νόμῳ.
5. λέλυκε τοὺς στρατιώτας καὶ ναύτας.
6. οἱ ἄνθρωποι θηρεύουσι τοὺς κριτὰς ἐκ τῆς γῆς.
7. λελύκαμεν τοὺς νεανίας.
8. παιδεύσουσι τοὺς ναύτας ἐν πολέμῳ.
9. οἱ νόμοι κωλύσουσι τοὺς κριτάς.
10. οἱ τοῦ στρατηγοῦ λόγοι ἔπαυσαν τὴν μάχην.

Answer 14.

1. ὁ στρατηγὸς οὐ πεπαίδευκε τοὺς πολίτας ἐν πολέμῳ.
2. οὐ κωλύσει τὴν μάχην.
3. οἱ τοῦ ἀνθρώπου λόγοι παύσουσι τὸν πόλεμον.
4. ὁ ταμίας λέλυκε τὰς πέδας.
5. ἐθήρευσαν τὸν στρατηγὸν εἰς τὴν οἰκίαν.
6. πεπαιδεύκαμεν τὸν νεανίαν ἐν τῇ ἀρετῇ.
7. ἡ τοῦ στρατηγοῦ νίκη παύσει τὸν πόλεμον.
8. ὁ τῶν πολιτῶν νόμος κωλύσει τὴν μάχην.
9. οὐ πεπαίδευκε τὸν κριτὴν ἐν τῇ σοφίᾳ.
10. οὐ λέλυκας τὰς πέδας, ὦ νεανία.

Answer 15.

1. τῇ ἀρετῇ οἱ στρατιῶται ἔλυσαν τοὺς πολίτας.
2. κωλύσεις τὴν μάχην, ὦ στρατηγέ.
3. τῇ σοφίᾳ ἔπαυσαν τὸν πόλεμον.
4. λέλυκας τὸν ναύτην, ὦ κριτά.
5. οὐ πεπαιδεύκατε τοὺς νεανίας, ὦ πολῖται.
6. ὁ πόλεμος παιδεύσει τοὺς στρατιώτας καὶ ναύτας.
7. ἐθήρευες τοὺς ἀνθρώπους εἰς τὸν ποταμόν.
8. τοῖς λόγοις ἐκώλυσας τὴν μάχην, ὦ στρατιῶτα.
9. ἡ θεὰ οὐ πεπαίδευκε τὸν νεανίαν ἐν τῇ ἀρετῇ.
10. ὁ στρατηγὸς τῇ ἀρετῇ λέλυκε τοὺς στρατιώτας.

Answer 16.

1. τὰ τοῦ στρατιώτου ὅπλα ἐν τῇ οἰκίᾳ ἐστίν.
2. ὁ δοῦλος ἔκρουσε τὴν τοῦ ταμίου κεφαλήν.
3. οἱ ἵπποι ἔσειον τὰ ζυγά.
4. ἐλελύκει τὸν τοῦ κριτοῦ δοῦλον.
5. κέκρουκας τὸν νεανίαν, ὦ στρατηγέ.
6. οἱ στρατιῶται ἐν τῷ στρατοπέδῳ εἰσίν.
7. θηρεύσει τὸν δοῦλον εἰς τὴν οἰκίαν.
8. ἐσείσαμεν τὰ τῶν ἵππων ζυγά.
9. τὰ τῶν κριτῶν δῶρα ἐστιν ἐν τῇ οἰκίᾳ.
10. ἐσεσείκαμεν τὰ ὅπλα ἐν τῇ μάχῃ.

Answer 17.

1. ὁ τῆς στρατιᾶς στρατηγὸς ἔκρουσε τὸν κριτήν.
2. ἡ θεὰ ἐλελύκει τὸν δοῦλον τοῖς ἔργοις.
3. ὁ δοῦλος ἐκεκρούκει τὸν τοῦ στρατηγοῦ ἵππον.
4. οἱ ναῦται ἐν τῷ ποταμῷ εἰσίν.
5. δένδρα ἐστὶν ἐν τῇ χώρᾳ.
6. ὁ τοῦ στρατηγοῦ ἵππος ἔσεισε τὸ ζυγόν.
7. ἐπεπαιδεύκει τοὺς πολίτας τοῖς λόγοις.
8. οἱ ἵπποι σείουσι τὰ ζυγά.
9. οἱ στρατιῶται ἔλυσαν τοὺς πολίτας τοῖς ὅπλοις.
10. ὁ δοῦλος ἐθήρευσε τὸν ἵππον εἰς τὴν θάλατταν.

Answer 18.

1. τὰ τῶν πολιτῶν δῶρά ἐστιν ἐν τῷ τοῦ στρατηγοῦ στρατοπέδῳ.
2. ὁ τοῦ δούλου ἵππος ἐν τῷ ποταμῷ ἐστίν.
3. ὁ ἄνθρωπος ἔκρουσε τὴν τοῦ κριτοῦ κεφαλήν.
4. ἐκεκωλύκει τὴν μάχην τοῖς λόγοις.
5. κέκρουκας ἄνθρωπον, ὦ κριτά.
6. στρατιῶται εἰσιν ἐν τοῖς δένδρεσιν.
7. σείσομεν τὰ ὅπλα ἐν τῷ πολέμῳ.
8. ἐλελύκης τοὺς ναύτας τοῖς ἔργοις.
9. ποταμοὶ καὶ δένδρα εἰσὶν ἐν τῇ γῇ.
10. τὰ τοῦ ναύτου ὅπλα ἐν τῇ θαλάττῃ ἐστίν.

Answer 19.

1. ποταμοὶ καὶ δένδρα εἰσιν ἐν τῇ νήσῳ.
2. ἔκρουσε τὴν τοῦ ἀγαθοῦ δούλου κεφαλήν.
3. ὁ σοφὸς στρατηγὸς ἔλυσε τοὺς πολίτας.
4. παιδεύσει τοὺς σοφοὺς νεανίας ἐν πολέμῳ.
5. οἱ ἀγαθοὶ κριταὶ τοῖς λόγοις ἐκώλυσαν τὸν πόλεμον.
6. ἔκρουσας τὴν τοῦ σοφοῦ νεανίου κεφαλήν.
7. οἱ φίλιοι κριταὶ ἐπίστευσαν τοῖς τοῦ δούλου λόγοις.
8. ἐθήρευσας τὸν ἄνθρωπον εἰς τὴν ὁδόν, ὦ ναῦτα.
9. ἐπιστεύσαμεν τοῖς τοῦ στρατηγοῦ φιλίοις λόγοις.
10. ἐπαίδευσαν τοὺς στρατιώτας ἐν νήσῳ.

Answer 20.

1. οὐκ ἐπίστευον τοῖς στρατιώταις καὶ ναύταις.
2. ἔπαυσας τὸν πόλεμον, ὦ σοφὲ κριτά.
3. τοῖς λόγοις κωλύσομεν τὴν μάχην.
4. ὁ ἀγαθὸς δοῦλος ἔσεισε τὴν κεφαλήν.
5. ἐπαίδευσα τὸν σοφὸν νεανίαν ἐν τοῖς νόμοις.
6. οἱ φίλιοι ναῦται ἐν τῷ στρατοπέδῳ εἰσίν.
7. στρατιῶται καὶ ναῦται ἐν τῇ νήσῳ εἰσίν.
8. ἐθήρευσαν τὸν ἄνθρωπον ἐκ τῆς οἰκίας εἰς τὴν ὁδόν.
9. πιστεύομεν τοῖς τοῦ σοφοῦ κριτοῦ λόγοις.
10. οἱ νόμοι φίλιοί εἰσι τοῖς ἀγαθοῖς πολίταις.

Answer 21.

1. οἱ ναῦται ἐθήρευον τὸν ἄνθρωπον εἰς τὰς τοῦ στρατοπέδου πύλας.
2. τὰ τοῦ ἀγαθοῦ κριτοῦ δῶρα ἐν τῇ ὁδῷ ἐστιν.
3. ὁ ἀγαθὸς δοῦλος ἔλυσε τὸν ἵππον.
4. οἱ στρατιῶται οὐ πιστεύσουσι τῷ στρατηγῷ ἐν τῷ πολέμῳ.
5. θηρεύσουσι τοὺς πολίτας ἐκ τῆς νήσου.
6. οἱ ἀγαθοὶ στρατιῶται ἐπίστευσαν τῷ κριτῇ.
7. τὰ τῶν ναυτῶν ὅπλα ἐν τῇ νήσῳ ἐστιν.
8. ἐπίστευσαν τοῖς τῆς φιλίας θεᾶς λόγοις.
9. ἔκρουσα τὴν τοῦ σοφοῦ δούλου κεφαλήν.
10. θηρεύσομεν τοὺς ναύτας ἐκ τῆς νήσου εἰς τὴν θάλατταν.

Answer 22.

1. ἡ τῶν στρατιωτῶν ἀρετὴ χρησίμη ἦν ἐν τῇ μάχῃ.
2. στρατηγὸς εἶ τῆς στρατιᾶς.
3. οἱ πολῖται ἐν τῇ τοῦ νεανίου οἰκίᾳ εἰσίν.
4. τὰ ὅπλα τοῦ κριτοῦ δῶρον ἦν.
5. ὁ στρατηγὸς πολλάκις χρήσιμός ἐστι τοῖς πολίταις.
6. ὁ τοῦ στρατηγοῦ ἀδελφὸς ποιητὴς οὐκ ἔστιν.
7. ἦμεν ἐν τῇ τῆς μούσης χώρᾳ.
8. πολλάκις ἐκώλυε μάχην ἐν τῇ νήσῳ.
9. θηρεύσουσι τὸν ποιητὴν ἐκ τῆς γῆς.
10. τὰ τῶν ναυτῶν δῶρα ἐν τῇ θαλάττῃ ἦν.

Answer 23.

1. χρήσιμα δένδρα ἐν τῇ νήσῳ ἐστίν.
2. θηρεύσομεν τὸν ποιητὴν πρὸς πύλας.
3. ἡ θάλαττα χρησίμη ἐστὶ τοῖς ναύταις.
4. οἱ στρατιῶται φίλιοι ἦσαν τοῖς πολίταις.
5. οἱ ἵπποι χρήσιμοι οὐκ ἦσαν ἐν τῷ πολέμῳ.
6. οἱ τῆς νήσου ποταμοὶ χρήσιμοί εἰσι τοῖς πολίταις.
7. ὁ ἵππος πολλάκις σείει τὴν κεφαλήν.
8. οἱ τῆς νήσου πολῖται οὐκ ἐλεύθεροί εἰσιν.
9. φίλιοι ἦμεν τοῖς κριταῖς.
10. ὁ στρατιώτης θηρεύσει τὸν ἀδελφὸν πρὸς τὸν ποταμόν.

Answer 24.

1. οἱ ἀγαθοὶ κριταὶ φίλιοι ἦσαν τῷ στρατηγῷ.
2. ὁ σοφὸς ποιητὴς ἐπαίδευσε τὸν ἀδελφὸν ἐν τῇ σοφίᾳ.
3. ἡ ἀρετὴ χρησίμη ἐστὶν ἐν τῷ πολέμῳ.
4. ταμίαι ἦμεν τῆς γῆς.
5. τὰ τοῦ στρατηγοῦ ἔργα χρήσιμα ἦν ἐν τῇ μάχῃ.
6. ὁ ἀγαθὸς κριτὴς πιστεύσει τοῖς νόμοις.
7. αἱ τῆς νήσου ὁδοὶ χρήσιμαι ἦσαν τοῖς στρατιώταις.
8. ἐλεύθεροι πολῖται ἦτε.
9. οὐ παύσεις τὸν πόλεμον, ὦ ποιητά.
10. οἱ τοῦ στρατηγοῦ σοφοὶ λόγοι χρήσιμοι ἦσαν ἐν τῷ πολέμῳ.

Answer 25.

1. τὸ ἔργον χαλεπὸν ἔσται τῷ ἀνδρείῳ νεανίᾳ.
2. οἱ δοῦλοι οὐ χρήσιμοι εἰσιν ἐν πολέμῳ.
3. ἡ τοῦ ἵππου κεφαλὴ καλή ἐστιν.
4. οἱ στρατιῶται ἔσεισαν τὰ καλὰ δένδρα.
5. δοῦλοι ἐσόμεθα τοῦ νεανίου.
6. ἡ θεὰ πολλάκις σείει τὴν γῆν.
7. πιστεύομεν τοῖς τοῦ κριτοῦ καλοῖς λόγοις.
8. χαλεπόν ἐστι πιστεύειν τοῖς δούλοις.
9. χρήσιμα δένδρα ἐστὶν ἐν τῇ νήσῳ.
10. ὁ αἰσχρὸς δοῦλος ἔσται ἐν τῇ οἰκίᾳ.

Answer 26.

1. στρατηγὸς ἔσει τῆς στρατιᾶς.
2. ὁ πόλεμος χαλεπὸς ἦν τοῖς πολίταις.
3. οἱ δοῦλοι ἀνδρεῖοι ἔσονται ἐν τῇ μάχῃ.
4. ἐκέλευσε τὸν στρατιώτην κρούειν τὸν ἵππον.
5. χαλεπόν ἐστι σείειν τὴν οἰκίαν.
6. ἀνδρεῖοι στρατιῶται ἔσονται.
7. οἱ τοῦ κριτοῦ λόγοι καλοὶ ἦσαν.
8. ὁ ἀνδρεῖος ναύτης ἐκώλυσε τὴν μάχην.
9. χαλεπόν ἐστι παιδεύειν τοὺς νεανίας.
10. οἱ ποιηταὶ οὐ πολλάκις ἀνδρεῖοι εἰσιν.

Answer 27.

1. αἰσχρόν ἐστι κρούειν τοὺς δούλους.
2. οἱ τῆς γῆς πολῖται ἐλεύθεροι ἔσονται.
3. ἡ τοῦ στρατηγοῦ σοφία χρησίμη ἔσται τοῖς στρατιώταις.
4. ἡ γλῶττα χρησίμη ἐστὶ τοῖς ἀνθρώποις.
5. οὐ κωλύεις τὴν μάχην, ὦ ἀνδρεῖε κριτά.
6. οὐ θηρεύσομεν τοὺς ἵππους.
7. ἔκρουσαν τὸν καλὸν νεανίαν.
8. οὐ πολλάκις ἐν τῇ νήσῳ ἐσόμεθα.
9. ἐκελεύσαμεν τὸν στρατιώτην πιστεύειν τῷ κριτῇ.
10. οἱ σείουσι τὰ ὅπλα ἐν τῇ μάχῃ.

Answer 28.

1. λύσουσι τὴν καλὴν θεάν.
2. ἡ τοῦ ποιητοῦ σοφία χρησίμη ἔσται.
3. ὁ ἀνδρεῖος ναύτης ἔπαυσε τὴν μάχην.
4. θηρεύσουσιν ἐν τῇ καλῇ γῇ.
5. ἐκώλυσε τὴν τῶν ἀνδρείων στρατιωτῶν νίκην.
6. οἱ καλοὶ κριταὶ θηρεύουσι τὴν ἀρετήν.
7. ἀνδρεῖος ναύτης ἔλυσε τὸν ἵππον.
8. οἱ ἀγαθοὶ πιστεύουσι τοῖς νόμοις.
9. χρήσιμόν ἐστι παιδεύειν τοὺς ἵππους ἐν πολέμῳ.
10. ὁ κριτὴς ἐκέλευσε τὸν ἄνθρωπον λύειν τὸν δοῦλον.

Answer 29.

1. ἐθήρευσε τὸν αἰσχρὸν δοῦλον εἰς τὴν θάλατταν.
2. πιστεύσομεν τοῖς σοφοῖς ποιηταῖς.
3. τὰ ὅπλα χρήσιμά ἐστι στρατιώτῃ ἐν πολέμῳ.
4. χαλεπόν ἐστιν αἰσχρὸν δοῦλον παιδεύειν.
5. ἡ τοῦ ἀνδρείου στρατηγοῦ νίκη ἔπαυσε τὸν πόλεμον.
6. οὐ λέλυκε τὸν ἵππον.
7. οὐ στρατηγὸς ἔσει τῆς στρατιᾶς, ὦ ἀνδρεῖε ποιητά.
8. ὁ κριτὴς πολλάκις ἔκρουε τὸν αἰσχρὸν δοῦλον.
9. ἡ τοῦ ἵππου κεφαλὴ αἰσχρά ἐστιν.
10. ἐσεσείκεσαν τὰ καλὰ ὅπλα ἐν τῇ μάχῃ.

Answer 30.

1. ἐθήρευσας τὸν αἰσχρὸν νεανίαν ἐκ τῆς οἰκίας.
2. τοῖς σοφοῖς λόγοις κεκώλυκας τὴν μάχην.
3. ὁ ἀνδρεῖος δοῦλος ἔλυσε τὸν τοῦ κριτοῦ ἵππον.
4. ἐπίστευσαν τοῖς τῆς σοφῆς θεᾶς λόγοις.
5. ἀνδρεῖοι ἐσόμεθα ἐν τῇ μάχῃ, ὦ στρατηγέ.
6. οἱ ἀγαθοὶ δοῦλοι οὐ πολλάκις ποιηταί εἰσιν.
7. τὸ ἔργον οὐ χαλεπὸν ἔσται σοφῷ ἀνθρώπῳ.
8. ὁ σοφὸς στρατηγὸς οὐκ ἦν ἐν τῇ νήσῳ.
9. ταμίαι ἔσονται τῆς γῆς.
10. ὁ πόλεμος πολλάκις χρήσιμός ἐστιν.

Answer 31.

1. οἱ φύλακες ἐθήρευσαν τὸν δοῦλον.
2. ὁ κῆρυξ κακῶς ἔπραξεν ἐν τῇ μάχῃ.
3. κελεύσομεν τοὺς στρατιώτας τοὺς δούλους παιδεύειν.
4. οἱ φύλακες ἔσειον τὰ ὅπλα.
5. ὁ στρατηγὸς κακῶς πράξει ἐν τῷ πολέμῳ.
6. ἐτάξαμεν τοὺς στρατιώτας ἐν τῇ μάχῃ.
7. εὖ πεπράγασιν ἐν τῇ οἰκίᾳ.
8. ἐκέλευσε τοὺς φύλακας σείειν τὰ ὅπλα.
9. ὁ δοῦλος ἔκρουσε τὸν φύλακα.
10. ἐπίστευσαν τοῖς τοῦ κήρυκος λόγοις.

Answer 32.

1. οἱ στρατηγοὶ οὐκ εὖ πράξουσιν ἐν τῇ μάχῃ.
2. οἱ τῆς νήσου φύλακες οὐκ ἐπίστευσαν τῷ κήρυκι.
3. εὖ ἐπαίδευσαν τοὺς ναύτας.
4. ἔταξαν τοὺς στρατιώτας ἐν τῇ νήσῳ.
5. οἱ νεανίαι κακῶς ἔπραξαν ἐν τῷ στρατοπέδῳ.
6. οἱ πολῖται οὐ πιστεύσουσι τοῖς κήρυξιν.
7. οἱ κήρυκες κακῶς πεπράγασιν ἐν τῇ ὁδῷ.
8. ὁ σοφὸς στρατηγὸς εὖ τέταχε τοὺς στρατιώτας.
9. οἱ δοῦλοι πολλάκις κακῶς παιδεύουσι τοὺς ἵππους.
10. οἱ ἀνδρεῖοι φύλακες θηρεύσουσι τοὺς πολίτας.

Answer 33.

1. κακῶς ἔπραξαν τὰ τοῦ στρατηγοῦ.
2. ἔταξε τοὺς στρατιώτας ἐν τῇ μάχῃ.
3. οἱ δοῦλοι εὖ πεπράγασιν ἐν τῇ οἰκίᾳ.
4. οἱ ναῦται ἐθήρευσαν τοὺς φύλακας.
5. οὐκ εὖ πέπραχε τὰ τῶν πολιτῶν.
6. τάξομεν τοὺς πολίτας ἐν τῇ ὁδῷ.
7. οἱ κήρυκες ἦσαν ἐν τῇ νήσῳ.
8. ὁ κριτὴς ἐπίστευσε τοῖς τοῦ κήρυκος λόγοις.
9. ἐκέλευσε τοὺς πολίτας εὖ παιδεύειν τοὺς φύλακας.
10. ὁ στρατηγὸς τάξει τοὺς νεανίας ἐν μάχῃ.

Answer 34.

1. πέμψει τοὺς στρατιώτας εἰς τὸ στρατόπεδον.
2. κήρυκα ἔπεμψε πρὸς τὴν νῆσον.
3. κήρυκα πεπόμφαμεν πρὸς τὸ στρατόπεδον.
4. τὸν ποιητὴν πρὸς τὴν οἰκίαν ἔπεμψαν.
5. χρήσιμον ἔσται κήρυκα πέμπειν.
6. κήρυκα πέμψομεν πρὸς τὴν νῆσον.
7. τοὺς στρατιώτας τέταχεν ἐν τῇ ὁδῷ.
8. πεπόμφασι τὸν ἄνθρωπον πρὸς τὸν στρατηγόν.
9. καλὰ δῶρα πρὸς τοὺς ἀδελφοὺς ἐπέμψαμεν.
10. δοῦλον πέπομφας πρὸς τὸν κριτήν.

Answer 35.

1. ὁ στρατηγὸς στρατιώτην ἔπεμψε πρὸς τὴν οἰκίαν.
2. ὁ ναύτης θηρεύσει τὸν κήρυκα.
3. δῶρον πέμψεις πρὸς τὸν κριτήν.
4. τοὺς ναύτας πέμπουσιν ἐκ τοῦ στρατοπέδου.
5. τὰ ὅπλα χρήσιμα ἦν τοῖς φύλαξιν.
6. χαλεπὸν ἔσται εὖ πράττειν τὰ τοῦ στρατηγοῦ.
7. δῶρον πεπόμφασι πρὸς τὸν κήρυκα.
8. ἵππον ἐπέμψαμεν πρὸς τὸν κριτήν.
9. ἔπεμψας τὸν κήρυκα ἐκ τοῦ στρατοπέδου.
10. οἱ δοῦλοι εὖ πράττουσι τὰ τοῦ νεανίου.

Answer 36.

1. τοὺς ναύτας ἐπέμψαμεν πρὸς τὴν θάλατταν.
2. ἡ θεὰ κακῶς ἔπραξεν ἐν τῇ μάχῃ.
3. τὸν στρατηγὸν κελεύσουσι κήρυκας πέμπειν.
4. τὸν κήρυκα πρὸς τὰς πύλας ἔπεμψαν.
5. οἱ ποιηταὶ κακῶς πράξουσιν ἐν τῷ στρατοπέδῳ.
6. ἐκέλευσαν τὸν στρατηγὸν τὸν ἀδελφὸν πέμπειν.
7. τὰ τῶν νεανιῶν ἔργα αἰσχρὰ ἦν.
8. οἱ ποιηταὶ οὐ χρήσιμοί εἰσιν ἐν μάχῃ.
9. οἱ ναῦται ἔπραξαν τὰ τῆς νήσου.
10. τοὺς ἀνδρείους στρατιώτας πρὸς τὸν πόλεμον
    πέμψουσιν.

Answer 37.

1. ἡ θεὰ ἔσωσε τὴν χώραν ἐκ πολέμου.
2. οἱ γέροντες εὖ πράττουσι τὰ πράγματα.
3. πείσομεν τοὺς φύλακας σῴζειν τὴν πατρίδα.
4. ἐθήρευσαν τὸν λέοντα εἰς τὴν θάλατταν.
5. οἱ νεανίαι ἔπραξαν τὰ τῆς Ἑλλάδος.
6. ἔπεισε τοὺς νεανίας θηρεύειν τὴν ἀρετήν.
7. οἱ νεανίαι οὐ πιστεύουσι τοῖς γέρουσιν.
8. ἔπεισας τοὺς δούλους λύειν τὰς πέδας.
9. τὸν στρατηγὸν πείσομεν τάττειν τοὺς στρατιώτας.
10. οἱ ἐλεύθεροι πολῖται πράξουσι τὰ τῆς Ἑλλάδος.

Answer 38.

1. οἱ στρατιῶται τῇ ἀρετῇ ἔσωσαν τὴν πατρίδα.
2. πείσομεν τὸν στρατηγὸν παύειν τὴν μάχην.
3. σώσει τὴν πατρίδα ἐκ δεινοῦ πολέμου.
4. ἔπεισας τὸν κριτὴν παιδεύειν τοὺς παῖδας.
5. κελεύσει τὸν δοῦλον θηρεύειν τὸν λέοντα.
6. οἱ γέροντες τῇ σοφίᾳ σώσουσι τὴν Ἑλλάδα.
7. ἔπειθον τοὺς στρατιώτας σῴζειν τὴν Ἑλλάδα.
8. ὁ ἀγαθὸς πολίτης οὐ πιστεύσει τῷ αἰσχρῷ δούλῳ.
9. ὁ κριτὴς ἐκέλευσε τοὺς πολίτας σῴζειν
10. οἱ ταμίαι τότε ἔπραττον τὰ τῆς οἰκίας.

Answer 39.

1. ἐκελεύσαμεν τὸν νεανίαν σῴζειν τὰ ὅπλα.
2. ἡ τοῦ λέοντος κεφαλὴ δεινὴ ἔσται τῷ γέροντι.
3. ἐκέλευσαν τοὺς δούλους σῴζειν τὰ καλὰ δένδρα.
4. οἱ ποιηταὶ οὐ νῦν σοφοί εἰσιν.
5. οἱ γέροντες ἐπίστευσαν τοῖς φιλίοις κήρυξιν.
6. τὰ τῶν ναυτῶν ἔργα χρήσιμα ἦν τῇ Ἑλλάδι.
7. ὁ τοῦ κριτοῦ ἀδελφὸς σέσωκε τὰ ὅπλα.
8. ἔπεισαν τὸν στρατιώτην κρούειν τὸν ἵππον.
9. χαλεπόν ἐστι πείθειν τοὺς λέοντας.
10. πείσουσι τοὺς ναύτας σῴζειν τοὺς νόμους.

Answer 40.

1. ἔγραψεν ἐπιστολὴν πρὸς τὸν ἡγεμόνα (τῇ) δευτέρᾳ ἡμέρᾳ.
2. ἦν ἐν τῇ οἰκίᾳ τρεῖς μῆνας.
3. πέντε ἡμερῶν μείσω τὸν κριτήν.
4. ὁ ἀγὼν χαλεπὸς ἔσται τῷ νεανίᾳ.
5. δοῦλον πέμψομεν ἐξ ἡμερῶν.
6. δέκα μῆνας ἦσαν ἐν τῇ νήσῳ.
7. οἱ πολῖται πιστεύσουσι τῷ ἡγεμόνι τρεῖς ἡμέρας.
8. τριῶν ἡμερῶν στρατηγὸς ἔσει τῆς στρατιᾶς.
9. ἑπτὰ ἡμερῶν δῶρον πέμψει πρὸς τὸν ἡγεμόνα.
10. νυκτὸς ὁ στρατηγὸς γράφει ἐπιστολάς.

Answer 41.

1. νυκτὸς παιδεύει τοὺς νεανίας.
2. τεττάρων ἡμερῶν πείσει τὸν στρατηγόν.
3. πέντε μῆνας τὰ τῆς νήσου ἔπραξαν.
4. ὁ ἀγὼν δεινὸς ἔσται τοῖς Ἕλλησιν.
5. ἐξ ἡμερῶν γράψει τρεῖς ἐπιστολάς.
6. ὀκτὼ ἡμέρας ἦν ἐν τῷ τοῦ στρατηγοῦ στρατοπέδῳ.
7. ἐννέα ἡμερῶν παύσουσι τὸν πόλεμον.
8. δεκάτῃ ἡμέρᾳ ἔσονται ἐν τῇ νήσῳ.
9. τετάρτῃ ἡμέρᾳ ἐθήρευσαν τὸν κήρυκα ἐκ τῆς οἰκίας.
10. τρεῖς μῆνας ἔσωσαν τὴν ἐπιστολήν.

Answer 42.

1. ὀκτὼ μῆνας οἱ ἡγεμόνες ἔπραξαν τὰ τῆς Ἑλλάδος.
2. κριτὴς ἔσται ἐν τοῖς τῆς Ἑλλάδος ἀγῶσιν.
3. πολλάκις δέκα ἐπιστολὰς τριῶν ἡμερῶν γράφει.
4. ἔσωσαν τὴν τοῦ κριτοῦ ἐπιστολὴν πέντε ἡμέρας.
5. τὰ τοῦ νεανίου ὅπλα ἦν ἐν τῇ οἰκίᾳ τρεῖς μῆνας.
6. χαλεπόν ἐστι νυκτὸς εὖ πράττειν τὸ πρᾶγμα.
7. ὁ στρατηγὸς ἔταξε τοὺς στρατιώτας τετάρτῃ ἡμέρᾳ.
8. οἱ πολῖται ἐλεύθεροι ἦσαν δέκα μῆνας.
9. τὰ τῆς πατρίδος ἐξ μῆνας πράξει.
10. πέμπτῃ ἡμέρᾳ δῶρον ἔπεμψε πρὸς τὸν κριτήν.

Answer 43.

1. οἱ πολῖται λύσονται τοὺς στρατιώτας.
2. λυόμεθα τοὺς στρατιώτας καὶ ναύτας.
3. ὁ εὔφρων στρατηγὸς λύσεται τοὺς ἀνθρώπους.
4. λύσονται τὸν τοῦ Δημοσθένους ἀδελφόν.
5. οὐ λύσεσθε τὸν Δημοσθένη, ὦ πολῖται.
6. οἱ τοῦ κήρυκος λόγοι ἀληθεῖς οὐκ ἦσαν.
7. οἱ εὐγενεῖς τότε ἔπραξαν τὰ τῆς Ἑλλάδος.
8. ὁ εὔφρων κριτὴς ἔπαυσε τὸν ἀγῶνα.
9. λυσόμεθα τὸν εὐγενῆ στρατηγόν.
10. ὅπλα ἐστὶν ἐν τῇ τοῦ εὐγενοῦς πολίτου οἰκίᾳ.

Answer 44.

1. ὁ εὐγενὴς γέρων λύσεται τὸν ἵππον.
2. οἱ εὔφρονες πολῖται λύσονται τὸν κήρυκα.
3. πεπόμφασι καλὰ δῶρα πρὸς τὸν εὐγενῆ στρατηγόν.
4. οἱ εὐγενεῖς οὐ φίλιοι ἦσαν τοῖς δούλοις.
5. χαλεπόν ἐστι πράττειν τὰ τοῦ ἡγεμόνος.
6. ἡ τοῦ Σωκράτους ἀρετὴ χρησίμη ἦν ἐν τῷ πολέμῳ.
7. οἱ τοῦ Δημοσθένους λόγοι ἀληθεῖς εἰσιν, ὦ πολῖται.
8. ἐθήρευσαν τοὺς εὐγενεῖς ἐκ τῆς γῆς.
9. οἱ πολῖται ἐπίστευσαν τῷ Δημοσθένει ἐν τῇ μάχῃ.
10. τριῶν μηνῶν λύσονται τὸν γέροντα.

Answer 45.

1. οὐ λυόμεθα τοὺς δούλους ἐν πολέμῳ.
2. οἱ Ἕλληνες πείσουσι τοὺς εὐγενεῖς σῴζειν τὴν πατρίδα.
3. ἐπιστολὴν ἔγραψαν πρὸς τὸν εὔφρονα ἡγεμόνα.
4. ἔπεισε τὸν νεανίαν νυκτὸς θηρεύειν τὸν λέοντα.
5. ἐπιστολὴν πέμψομεν πρὸς τὸν εὐγενῆ ἡγεμόνα.
6. οἱ δοῦλοι ἐπίστευσαν τοῖς εὐγενέσι κριταῖς.
7. ἐπιστολὴν ἔγραψας πρὸς τοὺς εὐγενεῖς γέροντας.
8. τεττάρων μηνῶν λύσονται τοὺς εὐγενεῖς.
9. οἱ δοῦλοι πιστεύσουσι τῷ εὐγενεῖ ἡγεμόνι.
10. δεινὸς ἔσται ὁ ἀγών, ὦ πολῖται.

Answer 46.

1. τριῶν ἐτῶν κήρυκα πέμψουσι πρὸς τὴν Ἑλλάδα.
2. ἐλύοντο τοὺς στρατιώτας ἐν τοῖς πολέμοις.
3. οὐκ ἐλύσασθε τὸν σοφὸν ποιητήν, ὦ πολῖται.
4. θέρους οἱ εὐγενεῖς θηρεύουσι λέοντας.
5. οἱ εὔφρονες ἡγεμόνες ἐλύσαντο τὸν ποιητήν.
6. λυσόμεθα τὸν τοῦ νεανίου ἀδελφόν.
7. ὁ κριτὴς φίλιος οὐκ ἦν τῷ Δημοσθένει.
8. οἱ πολῖται ἐλύσαντο τὸν εὐγενῆ στρατηγόν.
9. φίλιος οὐκ ἔστι τῷ ποιητῶν γένει.
10. ἀληθής ἐστιν ὁ τοῦ σοφοῦ ποιητοῦ λόγος.

Answer 47.

1. θέρους παύσονται τοῦ πολέμου.
2. τρεῖς ἡμέρας θηρεύσουσι τοὺς εὐγενεῖς ἡγεμόνας.
3. οἱ στρατιῶται ἐπαύσαντο τῆς μάχης.
4. οὐ λύσονται τὸν σοφὸν ποιητήν.
5. τρεῖς ἐπιστολὰς ἐπέμψαμεν πρὸς τὸν Δημοσθένη.
6. οἱ εὔφρονες ἡγεμόνες ἐξ ἡμερῶν παύσουσι τὸν πόλεμον.
7. τρίτου ἔτους οἵ Ἕλληνες κήρυκα ἔπεμψαν.
8. πέμπτῃ ἡμέρᾳ ἐπαυόμεθα τῆς μάχης.
9. τὸ τῶν δούλων γένος φίλιον οὐκ ἔστι τοῖς ποιηταῖς.
10. δεινὸς ἔσται ὁ ἀγὼν τοῖς εὐγενέσιν.

Answer 48.

1. λύσονται τὸν εὐγενῆ νεανίαν.
2. ἐπιστεύσαμεν τοῖς τοῦ δούλου ἀληθέσι λόγοις.
3. τετάρτῃ ἡμέρᾳ παύσονται τοῦ πολέμου.
4. θέρους οἱ λέοντες οὐ φίλιοί εἰσι τοῖς ἀνθρώποις.
5. θέρους τὰ τοῦ γέροντος πράττουσιν.
6. ἐλυσάμεθα τοὺς ἀγαθοὺς δούλους καὶ ἀνδρείους
   φύλακας.
7. χρήσιμόν ἐστι θέρους θηρεύειν τοὺς λέοντας.
8. ἐπαύοντο τῆς δεινῆς μάχης.
9. λύσεται τὸν εὐγενῆ ἀδελφόν.
10. ἐπείσαμεν τὸν Σωκράτη ἐπιστολὴν γράφειν.

Answer 49.

1. οἱ εὐγενεῖς στρατηγοὶ ἔπραξαν τὰ τῆς πόλεως.
2. ὁ εὔφρων κριτὴς λέλυται τὸν ἀδελφόν.
3. ἐλελύμεθα τὸν σοφὸν ποιητήν.
4. οὐ παύσονται τοῦ δεινοῦ πολέμου.
5. κήρυκα ἔπεμψαν πρὸς τὴν πόλιν.
6. ἐλέλυτο τὸν τοῦ νεανίου ἀδελφόν.
7. ὁ εὐγενὴς ἡγεμὼν λέλυται τὸν ταμίαν.
8. οἱ πολῖται λέλυνται τὸν στρατηγόν.
9. ἡ τῆς πόλεως δύναμις δεινὴ ἦν.
10. οἱ ἡγεμόνες ἐλέλυντο τοὺς δούλους.

Answer 50.

1. ἡ μάχη ἐπέπαυτο πέμπτῃ ἡμέρᾳ.
2. καλὰ δένδρα τότ᾽ ἦν ἐν τῇ νήσῳ.
3. οἱ στρατηγοὶ λέλυνται τὸν ἀνδρεῖον δοῦλον.
4. ὁ κριτὴς ἐλύσατο τὸν ταμίαν.
5. οἱ εὐγενεῖς ἐπαύσαντο τοῦ ἀγῶνος.
6. χαλεπόν ἐστι κακῶς πράττειν τὰ τῆς πόλεως.
7. λελύμεθα τοὺς δούλους.
8. κακοῖς δώροις λέλυται τὸν ἀδελφόν.
9. οἱ ἀνδρεῖοι στρατιῶται τῇ ἀρετῇ ἔσωσαν τὴν πόλιν.
10. τὸν γέροντα πρὸς τὰς τῆς πόλεως πύλας ἐπέμψαμεν.

Answer 51.

1. θέρους ἡ νῆσος καλή ἐστι δένδρεσιν.
2. λέλυσαι τὸν ἀδελφόν.
3. ἐπέπαυντο τῆς μάχης.
4. τὰ τοῦ εὔφρονος στρατηγοῦ ὅπλα χρήσιμα ἔσται τῷ γέροντι.
5. ἐπιστεύσαμεν τοῖς τῆς πόλεως νόμοις.
6. ἡ τοῦ γέροντος πατρὶς ἐλευθέρα ἦν.
7. ὁ σοφὸς ποιητὴς εὖ πράττει τὰ τῆς πόλεως.
8. τριῶν μηνῶν λύσονται τοὺς τῆς πόλεως φύλακας.
9. οἱ εὐγενεῖς πέπαυνται τοῦ πολέμου.
10. τὰ τῆς Ἑλλάδος γένη φίλια οὐκ ἦν τῷ κήρυκι.

Answer 52.

1. οἱ τοῦ ποιητοῦ λόγοι ἡδεῖς ἦσαν τοῖς πολίταις.
2. ὁ δοῦλος ἐλύθη ὑπὸ τοῦ εὐγενοῦς στρατηγοῦ.
3. ἡ μάχη ἐκωλύθη ὑπὸ τῆς θεᾶς.
4. οἱ ἀνδρεῖοι δοῦλοι λύονται.
5. οἱ ναῦται ἐθήρευσαν τὸν ἄνθρωπον πρὸς τὸν εὐρὺν ποταμόν.
6. καλοὶ ἰχθύες ἐν τῷ ποταμῷ εἰσιν.
7. ἐλύθημεν ὑπὸ τοῦ εὐγενοῦς γέροντος.
8. οἱ τοῦ κριτοῦ λόγοι βραχεῖς ἦσαν.
9. οἱ δοῦλοι λέλυνται ὑπὸ τοῦ Σωκράτους.
10. ἐλύθης ὑπὸ τῶν ἀνδρείων στρατιωτῶν, ὦ Δημόσθενες.

Answer 53.

1. θέρους ἡδύ ἐστι παύεσθαι τῶν ἔργων.
2. καλοὶ ἰχθύες εἰσὶν ἐν ταῖς τῆς Ἑλλάδος θαλάτταις.
3. ἡ Ἑλλὰς ἐλύθη ὑπὸ τῶν ἀνδρείων ἡγεμόνων.
4. ἡ μάχη ἐκεκώλυτο ὑπὸ τοῦ Δημοσθένους.
5. οἱ τοῦ εὐγενοῦς γέροντος λόγοι ἡδεῖς ἦσαν τῷ πολίτῃ.
6. ἡδὺ ἦν πράττειν τὰ τοῦ εὔφρονος κριτοῦ.
7. δεκάτῃ ἡμέρᾳ τρεῖς ἐπιστολὰς ἔπεμψαν πρὸς τὸν Δημοσθένη.
8. οἱ πολῖται ἐπίστευσαν τοῖς τοῦ κήρυκος ἡδέσι λόγοις.
9. οἱ δοῦλοι ἐλύοντο ὑπὸ τῶν στρατηγῶν.
10. ἡδύ ἐστιν ἐπιστολὴν γράφειν πρὸς τὸν Σωκράτη.

Answer 54.

1. οἱ τῆς γῆς ποταμοὶ οὐκ εὐρεῖς εἰσιν.
2. ἡ μάχη ἐκωλύθη ὑπὸ τοῦ σοφοῦ γέροντος.
3. ἡδεῖς τῷ ποιητῇ εἰσιν οἱ τῆς μούσης λόγοι.
4. ὁ ἀγὼν παύεται ὑπὸ τοῦ κριτοῦ.
5. τριῶν μηνῶν λύσονται τὸν τοῦ ποιητοῦ ἀδελφόν.
6. οἱ εὔφρονες πολῖται ἔπεισαν τὸν στρατηγὸν παύειν τὴν μάχην.
7. ὁ πόλεμος ἐπαύθη ὑπὸ τῆς φιλίας θεᾶς.
8. ἡ Ἑλλὰς ἐλύθη τῇ τῶν πολιτῶν ἀρετῇ.
9. ἰχθύες εἰσὶν ἐν τοῖς εὐρέσι ποταμοῖς.
10. τὰ τῶν στρατιωτῶν δῶρα ἡδέα ἦν τῷ εὐγενεῖ στρατηγῷ.

Answer 55.

1. ἡ μάχη κωλυθήσεται ὑπὸ τοῦ στρατηγοῦ.
2. τὰ τοῦ βασιλέως δῶρα ἡδέα ἦν τοῖς πολίταις.
3. ὁ γέρων πράττει τὰ τοῦ βασιλέως.
4. πέντε ἡμερῶν λυθήσει.
5. ὁ στρατηγὸς ἔταξε τοὺς ἱππέας.
6. αἱ πέδαι ἐλύθησαν δεκάτῃ ἡμέρᾳ.
7. ὁ τοῦ βασιλέως ἀδελφὸς λυθήσεται.
8. αἱ πόλεις τριῶν μηνῶν λυθήσονται.
9. αἱ ἡδεῖς λόγοι οὐκ ἀεὶ ἀληθεῖς εἰσιν.
10. χαλεπόν ἐστι πιστεύειν τῷ τῶν Περσῶν βασιλεῖ.

Answer 56.

1. ἡ πόλις πέντε ἡμερῶν ὑπὸ τῶν ναυτῶν λυθήσεται.
2. οἱ ἱππῆς τοῖς ὅπλοις ἔσωσαν τοὺς πολίτας.
3. οἱ ἵπποι χρήσιμοί εἰσι τοῖς Πέρσαις ἐν μάχῃ.
4. λυθησόμεθα τῇ τῶν δούλων ἀρετῇ.
5. οἱ Ἕλληνες κήρυκα ἔπεμψαν πρὸς τὸν βασιλέα.
6. οἱ ναῦται οὐκ ἐπίστευσαν τοῖς ἱππεῦσιν.
7. αἱ τῆς νήσου ὁδοὶ εὐρεῖαί εἰσιν.
8. ὑπὸ τοῦ εὔφρονος κριτοῦ κωλυθήσεται.
9. τοὺς βασιλέας ἐν πολέμῳ ἐλυόμεθα.
10. τὸν βασιλέα ἐθήρευσαν πρὸς τὰς τῆς πόλεως πύλας.

Answer 57.

1. ἐπιστολὴν πρὸς τὸν βασιλέα οὐ πέπομφεν.
2. ἡ τῶν Περσῶν χώρα πέντε ἐτῶν ἐλευθέρα ἔσται.
3. ἐκωλύθημεν ὑπὸ τῶν τοῦ βασιλέως κηρύκων.
4. οἱ στρατιῶται ἐθήρευσαν τοὺς ἱππέας ἐκ τῆς γῆς.
5. εὐρεῖαι ὁδοὶ καὶ καλὰ δένδρα εἰσὶν ἐν τῇ νήσῳ.
6. ἡδύ ἐστι πράττειν τὰ τῶν Περσῶν.
7. ἐθήρευσαμεν τὸν τοῦ βασιλέως κήρυκα ἐκ τῆς πόλεως.
8. ἡ Ἑλλὰς οὐ λυθήσεται ὑφ᾽ ἱππέων.
9. ἡ μάχη ἐκωλύθη ὑπὸ τοῦ βασιλέως.
10. οἱ βασιλῆς οὐκ ἀεὶ θηρεύουσι τὴν ἀρετήν.

Answer 58.

1. οἱ παῖδες ἐτίμων τὸν σοφὸν ποιητήν.
2. οἱ στρατιῶται τιμῶσι τὸν στρατηγόν.
3. ἐτιμῶμεν τοὺς τῆς πατρίδος νόμους.
4. οἱ Ἕλληνες ἀγῶσιν ἐτίμων τοὺς θεούς.
5. οἱ τοῦ Σωκράτους παῖδες ἦσαν ἐν τῇ ὁδῷ.
6. τιμᾶται ὑπὸ τοῦ τῶν Ἑλλήνων στρατηγοῦ.
7. ὁ ῥήτωρ τρεῖς μῆνας ἐπαίδευσε τοὺς παῖδας.
8. δεκάτῃ ἡμέρᾳ ἐπιστολὴν ἔγραψε πρὸς τὸν ῥήτορα.
9. ἔπεισαν τοὺς παῖδας θηρεύειν τὴν ἀρετήν.
10. χαλεπόν ἐστι ῥήτορι πράττειν τὰ τῆς πόλεως.

Answer 59.

1. τιμώμεθα ὑπὸ τοῦ γέροντος.
2. ἐπίστευον τοῖς τοῦ ῥήτορος ἡδέσι λόγοις.
3. οἱ ποιηταὶ οὐκ ἀεὶ φίλιοί εἰσι τοῖς ῥήτορσιν.
4. θέρους οἱ παῖδες καὶ νεανίαι θηρεύουσι τοὺς λέοντας.
5. οἱ ἀληθεῖς λόγοι ἡδεῖς εἰσι τοῖς θεοῖς.
6. τιμᾶται ὑπὸ τῶν τῆς Ἑλλάδος πολιτῶν.
7. οἱ τοῦ στρατηγοῦ παῖδες ἦσαν ἐν τῇ εὐρείᾳ ὁδῷ.
8. ἡδύ ἐστι παῖδας ἐν τῇ σοφίᾳ καὶ ἀρετῇ παιδεύειν.
9. ὁ κριτὴς τιμᾶται ὑπὸ τοῦ βασιλέως.
10. ὁ τῶν ἱππέων ἡγεμὼν ἐτιμᾶτο ὑπὸ τῶν πολιτῶν.

Answer 60.

1. οἱ ἀνδρεῖοι ἀεὶ τιμῶνται ὑπὸ τῶν ποιητῶν καὶ ῥητόρων.
2. ἡ πόλις τιμᾷ τὸν τῶν Περσῶν Βασιλέα.
3. τιμῶμεν τοὺς τῆς πόλεως ἀνδρείους φύλακας.
4. ὁ βασιλεὺς δῶρα ἔπεμψε πρὸς τοὺς σοφοὺς παῖδας.
5. οἱ θεοὶ ἐτιμῶντο ὑπὸ τῶν γερόντων.
6. οἱ εὐγενεῖς τιμῶνται ὑπὸ τῶν σοφῶν πολιτῶν.
7. οἱ ῥήτορες τοῖς ἀληθέσι λόγοις ἔσωσαν τὴν Ἑλλάδα.
8. οἱ τῆς πόλεως νόμοι τιμῶνται ὑπὸ τοῦ ποιητοῦ.
9. τιμᾶται ὑπὸ τῶν ἐλευθέρων πολιτῶν.
10. τιμῶμεν τοὺς τῶν ἱππέων ἀνδρείους ἡγεμόνας.

Answer 61.

1. ὁ τῶν Περσῶν βασιλεὺς κακῶς ἐποίει τοὺς δούλους.
2. οἱ παῖδες ἐπίστευον τοῖς τοῦ πατρὸς ἀληθέσι λόγοις.
3. αἱ μητέρες φιλοῦσι τοὺς παῖδας.
4. ἡ πόλις φιλεῖται ὑπὸ τῶν ἐλευθέρων πολιτῶν.
5. φιλοῦμεν τοὺς πολέμους καὶ τὰς μάχας.
6. κακῶς ποιοῦμεν τοὺς στρατηγούς.
7. οἱ παῖδες λύσονται τὸν παρέρα πέντε ἡμερῶν.
8. ὁ Σωκράτης φιλεῖται ὑπὸ τῶν σοφῶν πολιτῶν.
9. ἐφίλουν καὶ ἐτίμων τὸν κριτήν.
10. οἱ παῖδες ἐφίλουν τὸν πατέρα καὶ τὴν μητέρα.

Answer 62.

1. οἱ πατέρες ἐπαίδευον τοὺς παῖδας ἐν τῇ ἀρετῇ.
2. φιλοῦμεν καὶ τιμῶμεν τὸ τῶν ποιητῶν γένος.
3. οἱ γέροντες φιλοῦνται ὑπὸ τῶν σοφῶν νεανιῶν.
4. οἱ ἡγεμόνες φιλοῦνται ὑπὸ τῶν στρατιωτῶν.
5. χαλεπόν ἐστι πατρὶ κρούειν τὸν παῖδα.
6. τριῶν ἐτῶν λύσονται τὸν τοῦ παιδὸς πατέρα.
7. τὸ τοῦ ἰχθύος δῶρον ἡδὺ ἦν τῷ βασιλεῖ.
8. οἱ παῖδες ἐπίστευσαν τοῖς τῆς σοφῆς μητρὸς λόγοις.
9. φιλοῦμεν καὶ τιμῶμεν τοὺς πατέρας καὶ τὰς μητέρας.
10. φιλεῖται ὑπὸ τῶν τοῦ βασιλέως δούλων.

Answer 63.

1. κακῶς ἐποιοῦμεν τοὺς τοῦ Δημοσθένους δούλους.
2. ὀκτὼ μηνῶν ἡ πόλις παύσεται τοῦ δεινοῦ πολέμου.
3. ὁ τῶν παίδων πατὴρ τοῖς λόγοις ἐκώλυσε τὸν ἀγῶνα.
4. ἔπεισαν τὴν μητέρα πιστεύειν τῷ παιδί.
5. οἱ πολῖται κακῶς ἐποίουν τὸν τοῦ βασιλέως κήρυκα.
6. ἔπεμψαν τὸν πρὸς τὴν τοῦ πατρὸς οἰκίαν.
7. ἡ Ἑλλὰς φιλεῖται ὑπὸ τῶν ἀγαθῶν πολιτῶν.
8. εὖ ἐποιούμεθα ὑπὸ Περσῶν βασιλέως.
9. ὁ ῥήτωρ τιμᾶται καὶ φιλεῖται ὑπὸ τῶν παίδων.
10. οἱ πόλεμοι οὐκ ἡδεῖς εἰσι ταῖς μητράσιν.

Answer 64.

1. οἱ ἄνδρες ἐδήλουν τὴν ἀρετὴν ἐν τῇ μάχῃ.
2. ὁ παῖς δηλοῖ τὴν τοῦ πατρὸς ἀρετήν.
3. ὁ κριτὴς ἐδήλου τὴν σοφίαν.
4. οὐ δηλοῖς τὴν ἀρετὴν ἐν τῷ πολέμῳ.
5. ἡ Ἑλλὰς δουλοῦται ὑπὸ τῶν Περσῶν.
6. ἀνδρὸς ἀρετὴ ἐν μάχῃ δηλοῦται.
7. ἐλευθέρους πολίτας ἐδούλου.
8. τεττάρων ἐτῶν ἡ Ἑλλὰς ἐλευθέρα ἔσται.
9. ἡ ἀρετὴ ἐδηλοῦτο ὑπὸ τῶν στρατιωτῶν ἐν τῷ πολέμῳ.
10. οἱ τῶν πολῶν φύλακες χρήσιμοι ἦσαν τοῖς πολίταις.

Answer 65.

1. ἡ πόλις ἐδουλοῦτο ὑπὸ τοῦ κακοῦ στρατηγοῦ.
2. δουλοῖ τοὺς τῆς Ἑλλάδος ἐλευθέρους πολίτας.
3. ἔπεμψε τοὺς ἀνθρώπους πρὸς τὸ τῶν Περσῶν στρατόπεδον.
4. Ἕλληνας ἐν πολέμῳ οὐ δουλοῦμεν.
5. ὁ τῶν Περσῶν βασιλεὺς ἐδήλου τὴν ἀρετήν.
6. οὐ δηλοῦτε τὴν ἀρετήν, ὦ πολῖται.
7. φιλοῦμεν καὶ τιμῶμεν τὰ τῆς μούσης δῶρα.
8. οἱ παῖδες εὖ ἐπιστοῦντο ὑπὸ τῶν μητέρων.
9. ὁ σοφὸς πατὴρ φιλεῖται ὑπὸ τῶν παιδων.
10. ὁ ἀνδρεῖος παῖς τὴν ἀρετὴν ἐδήλου ἐν τῷ ἀγῶνι.

Answer 66.

1. οἱ παῖδες εὖ ἐποιοῦντο ὑπὸ τοῦ ῥήτορος.
2. οἱ ναῦται τὴν ἀρετὴν ἐδήλουν ἐν τῇ μάχῃ.
3. οἱ τῆς οἰκίας ταμίαι κακῶς ἐποίουν τοὺς δούλους.
4. ἀγαθὸς ἀνὴρ οὐ δουλοῖ τοὺς ἀδελφούς.
5. ἔπεισε τὸν πατέρα πιστεύειν τοῖς παισίν.
6. Ἕλληνες ἐλευθέρους πολίτας οὐ δουλοῦμεν.
7. οἱ τοῦ ῥήτορος λόγοι ἡδεῖς ἦσαν τοῖς νεανίαις.
8. ἡ τοῦ στρατιώτου ἀρετὴ ἔργοις δηλοῦται.
9. ὁ ποιητὴς ὑπὸ τοῦ ἀδελφοῦ ἐφιλεῖτο.
10. καλὰ δενδρά ἐστιν ἐν ταῖς εὐρείαις ὁδοῖς.

Answer 67.

1. αἱ γυναῖκες δηλώσουσι τὴν ἀρετὴν ἐν μάχῃ.
2. μέλαιναι νῆές εἰσιν ἐν τῷ ποταμῷ.
3. ὁ στρατηγὸς κακῶς πεποίηκε τοὺς στρατιώτας.
4. οἱ ναῦται ἔλυσαν τὴν μέλαιναν ναῦν.
5. οἱ πολῖται ἐτίμησαν τὴν τοῦ βασιλέως γυναῖκα.
6. τὴν ἀρετὴν δηλώσομεν ἐν τῷ ἀγῶνι.
7. αἱ γυναῖκες ἐπίστευσαν τοῖς τῶν ἀνδρῶν ἡδέσι λόγοις.
8. ἀγαθὸς παῖς τιμήσει τὸν πατέρα.
9. φιλοῦμεν τοὺς τῆς Ἑλλάδος ἐλευθέρους πολίτας.
10. ὁ ἀνδρεῖος στρατιώτης τιμᾷ τὴν πατρίδα.

Answer 68.

1. οἱ Ἕλληνες οὐ τιμήσουσι τὸν τῶν Περσῶν Βασιλέα.
2. ἡ τῶν ἱππέων ἀρετὴ ἐδηλώθη ἐν τῇ μάχῃ.
3. οἱ τοῦ Πέρσου ἐτίμων τὴν ἀρετὴν καὶ σοφίαν.
4. ἀεὶ τετίμηκε τὸν εὐγενῆ στρατηγόν.
5. οἱ τοῦ Σωκράτους παῖδες οὐκ ἀεὶ ἐτίμων τὴν μητέρα.
6. θέρους νῆες μέλαιναί εἰσιν ἐν τῷ ποταμῷ.
7. οἱ τοῦ Δημοσθένους λόγοι οὐκ ἡδεῖς ἦσαν τοῖς πολίταις.
8. τριῶν ἐτῶν δουλώσεις τὴν Ἑλλάδα.
9. ἡ μέλαινα ναῦς ἐλύθη ὑπὸ ναύτου.
10. ὁ ἀγαθὸς δοῦλος εὖ πέπραχε τὸ ἔργον.

Answer 69.

1. νυκτὸς καὶ ἡμέρας ὁ ῥήτωρ παῖδας παιδεύει.
2. ἡ Ἑλλὰς ἀγῶσι τιμήσει τοὺς ἀνδρείους.
3. τὸ ἔργον ἐπράχθη ὑπὸ τῶν παίδων καὶ δούλων.
4. ἡ Ἑλλὰς οὐ νῦν ἀγῶσι τιμᾷ τοὺς θεούς.
5. ἐξ μηνῶν οἱ Πέρσαι δουλώσουσι τὴν ἐλευθέραν πόλιν.
6. ἡ τοῦ βασιλέως γυνὴ ἐπιστολὴν ἔγραψε τῇ ἕκτῃ νυκτί.
7. τὴν τοῦ πατρὸς ἀρετὴν ἐν τῇ μάχῃ δηλώσει.
8. ἀνδρεία γυνὴ οὐκ ἀεὶ τιμᾶται ὑπὸ τοῦ ἀνδρός.
9. βασιλεὺς δουλοῖ τὰς τῆς Ἑλλάδος ἐλευθέρας πόλεις.
10. ἔπεισαν τοὺς ναύτας λύειν τὰς μελαίνας ναῦς.

Answer 70.

1. ῥᾴδιον ἔσται λύειν τὴν μέλαιναν ναῦν.
2. χαλεπὸν ἦν νυκτὸς γράφειν τὴν ἐπιστολήν.
3. οἱ Ἕλληνες πάλαι τὴν ἀρετὴν ἐδήλουν ἐν πολέμῳ.
4. ἔπεισε τὸν ἄνθρωπον λύεσθαι τὸν δοῦλον.
5. πείσει τοὺς εὐγενεῖς κήρυκας πέμπειν.
6. χαλεπὸν ἔσται τοῦ πολέμου παύεσθαι.
7. αἰσχρόν ἐστι τοῖς τοῦ δούλου λόγοις πεπιστευκέναι.
8. ἔπεισαν τὸν γέροντα λύεσθαι τοὺς παῖδας.
9. ἐκελεύσαμεν τοὺς στρατιώτας παύεσθαι τῆς μάχης.
10. οὐ χαλεπὸν ἔσται πεῖσαι τὸν Δημοσθένη.

Answer 71.

1. θέρους ἡδύ ἐστι πόνων πεπαῦσθαι.
2. ῥᾳδίως ἔπεισε τὸν Δημοσθένη τάττειν τοὺς στρατιώτας.
3. οὐ χαλεπὸν ἔσται κωλύειν τὴν μάχην.
4. οὐ χαλεπόν ἐστι παιδὶ πιστεύειν ταῖς τῆς μητρὸς λόγοις.
5. πείσομεν τὸν κριτὴν παύειν τὸν ἀγῶνα.
6. ῥᾴδιόν ἐστιν ὅπλα σείειν ἐν μάχῃ.
7. καλὸν ἔσται τὴν πατρίδα λελυκέναι.
8. ἐκέλευσε τὸν ταμίαν πράττειν τὰ τῆς οἰκίας.
9. πάλαι ἐτιμώμεθα ὑπὸ τῶν δούλων.
10. ὁ σοφὸς βασιλεὺς πάλαι ἐφιλεῖτο ὑπὸ τῶν πολιτῶν.

Answer 72.

1. οἱ τοῦ Σωκράτους λόγοι οὐκ ἡδεῖς ἔσονται τῷ νεανίᾳ.
2. δεινὴ ἦν ἡ τοῦ βασιλέως δύναμις.
3. οἱ εὐγενεῖς ἐλύθησαν ὑπὸ τῶν δούλων.
4. χαλεπὸν ἔσται παύεσθαι πολέμου.
5. ἡ ἀρετὴ πολλάκις ἐδηλοῦτο ὑπὸ τῶν δούλων.
6. οὐκ ἀεὶ τιμώμεθα ὑπὸ τῶν παίδων.
7. πείσει τὸν βασιλέα λύεσθαι τὸν ἡγεμόνα.
8. ὁ τῶν Περσῶν στρατηγὸς εὖ ἔταξε τοὺς ἱππέας.
9. ἐκέλευσε τὸν νεανίαν λύεσθαι τὸν πατέρα.
10. ἀεὶ χαλεπόν ἐστι νυκτὸς ἐπιστολὰς γράφειν.

Answer 73.

1. οἱ τὰς μάχας κωλύοντες δηλοῦσι τὴν σοφίαν.
2. τιμῶμεν τοὺς τοῖς πατράσι πιστεύοντας.
3. ὁ στρατηγὸς πιστεύει πᾶσι τοῖς στρατιώταις.
4. ὁ ῥήτωρ, τοὺς πολίτας παίσας, ἐπαύσατο.
5. οἱ Πέρσαι ἐδούλωσαν πάσας τὰς πόλεις.
6. τοὺς δούλους λύσαντες ἐπιστολὴν ἔπεμψαν πρὸς τὸν βασιλέα.
7. τιμῶμεν τοὺς τὴν πατρίδα σῴζοντας.
8. πάντες πιστεύουσι τῷ σοφῷ κριτῇ.
9. τριῶν ἡμερῶν πᾶσαι αἱ πόλεις ἐλεύθεραι ἔσονται.
10. φιλοῦμεν τοὺς πολλάκις ἐπιστολὰς γράφοντας.

Answer 74.

1. πᾶσαι αἱ γυναῖκες ἐλύθησαν ὑπὸ τοῦ στρατηγοῦ.
2. ὁ τοὺς πολίτας πείθων ὑπὸ πάντων τιμᾶται.
3. οἱ πολλάκις ἐπιστολὰς γράφοντες οὐκ ἀεὶ φιλοῦνται.
4. στρατιώτην πέμψας ἔπεισε τὸν βασιλέα.
5. οἱ τοῖς ἡγεμόσι πιστεύοντες εὖ πράττουσιν ἐν μάχαις.
6. τὸν δοῦλον κελεύσας λύειν τὸν ἵππον ἐπιστολὴν ἔγραψεν.
7. οὐκ ἀεὶ φιλοῦμεν τοὺς εὖ πράττοντας.
8. τὴν μάχην κωλύσας τοὺς στρατιώτας εἰς τὸ στρατόπεδον ἔπεμψεν.
9. οἱ κακοὶ οὐ πολλάκις εὖ πράττουσιν.
10. οἱ κακοὶ παῖδες οὐ πιστεύουσι τοῖς πατράσι καὶ ταῖς μητράσιν.

Answer 75.

1. οἱ τὰ ὅπλα σείοντες οὐκ ἀεὶ ἀνδρεῖοί εἰσιν.
2. αἰσχρόν ἐστιν ἀδελφὸν κρούειν.
3. ὁ τὴν πατρίδα σώσας ὑπὸ πάντων φιλεῖται.
4. πιστεύομεν τοῖς τὰ τῆς Ἑλλάδος πράττουσιν.
5. ῥᾴδιόν ἐστι τοῖς εὖ πράττουσι σῴζειν τοὺς νόμους.
6. ἔπεισε τὸν πατέρα εἰς Ἑλλάδα πέμπειν τὸν παῖδα.
7. τρία ἔτη οἱ Ἕλληνες εὖ ἔπραττον ἐν τῷ πολέμῳ.
8. ὁ τῷ τῶν Περσῶν Βασιλεῖ πιστεύων δουλοῖ τὴν πατρίδα.
9. τοὺς πολίτας πείσας ὁ Δημοσθένης παύσεται τοῦ λόγου.
10. ὁ εὖ πράττων οὐκ ἀεὶ εὖ ποιεῖται ὑπὸ τῶν πολιτῶν.

Answer 76.

1. τιμῶμεν τοὺς ὑπὲρ τῆς πατρίδος μαχομένους.
2. οἱ τοὺς δούλους λελυκότες ὑπὸ πάντων φιλοῦνται.
3. τιμῶμεν τοὺς λυσαμένους τοὺς στρατιώτας.
4. ῥᾴδιόν ἐστι τοῖς εὖ πράττουσιν ἔργου παύεσθαι.
5. πείσει τὸν βασιλέα δέκα ἡμερῶν μάχεσθαι.
6. τὸν δοῦλον ἐπέμψαμεν πρὸς τὸ τῶν Περσῶν
   στρατόπεδον.
7. οἱ τὰ τῆς Ἑλλάδος πράττοντες ὑπὸ πάντων τιμῶνται.
8. ὁ τὴν πατρίδα σώσας ὑπὸ πάντων τῶν πολιτῶν φιλεῖται.
9. οἱ τῶν ῥητόρων λόγοι ἡδεῖς εἰσι ταῖς γυναιξίν.
10. ὁ γέρων ἐπίστευε πᾶσι τοῖς δούλοις.

Answer 77.

1. οἱ τὴν ἀρετὴν δηλώσαντες ὑπὸ πάντων τιμῶνται.
2. οἱ τῆς γυναικὸς παῖδες ὑπὸ τοῦ ῥήτορος ἐπαιδεύθησαν.
3. οἱ νεανίαι τῇ ἀρετῇ ἔσωσαν τὴν πόλιν.
4. ὁ χρήσιμος πάντα τὰ τοῦ γέροντος ἔπραττεν.
5. οἱ τῶν ἔργων παυόμενοι οὐ σοφοί εἰσιν.
6. οἱ τοὺς εὐγενεῖς λυόμενοι οὐκ εὖ ποιήσουσι τὴν πατρίδα.
7. ὁ ὑπὲρ τῆς Ἑλλάδος μαχόμενος οὐ φιλήσει τοὺς Πέρσας.
8. αἱ γυναῖκες τότε ἔπραξαν τὰ τῶν οἰκιῶν.
9. ὁ γέρων ἐτίμησε τοὺς λυσαμένους τοὺς παῖδας.
10. οἱ τοὺς ἱππέας τάξαντες ἔσωσαν τὴν πόλιν.

Answer 78.

1. οἱ τοῖς πατράσι πειθόμενοι εὖ πράξουσιν.
2. ὁ βασιλεὺς πιστεύει τοῖς ὑπὲρ τῆς πατρίδος μαχομένοις.
3. τιμῶμεν τοὺς τὴν πόλιν εὖ πεποιηκότας.
4. οἱ τῆς μητρὸς λόγοι οὐχ ἡδεῖς ἦσαν τῷ βασιλεῖ.
5. οἱ τῷ στρατηγῷ πειθόμενοι εὖ ποιοῦσι τὴν πατρίδα.
6. οὐ δουλώσομεν τοὺς ὑπὲρ τῆς Ἑλλάδος μαχομένους.
7. τοῦ λόγου παυσάμενος ἔταξε τοὺς ἱππέας.
8. χαλεπόν ἐστι κακῷ βασιλεῖ πείθεσθαι.
9. πάντες φιλοῦμεν τοὺς τὴν πατρίδα εὖ πεποιηκότας.
10. πάντες τὴν ἀρετὴν ἐν μάχῃ δηλοῦτε.

Answer 79.

1. οἱ λελυμένοι ἐν τῷ λιμένι ἦσαν.
2. χαρίεσσαι γυναῖκες ἐν τῷ λιμένι ἦσαν.
3. ὑπὸ τοῦ βασιλέως λυθέντες ἐτίμησαν τοὺς Πέρσας.
4. οὐ τιμᾷ τοὺς κακῶς μαχομένους.
5. οἱ ὑπὸ τοῦ στρατηγοῦ λυθέντες χρήσιμοι ἦσαν ἐν τῇ μάχῃ.
6. στρατιῶται καὶ ναῦται ἦσαν ἐν τῷ λιμένι.
7. φιλοῦμεν τοὺς ἐν πολέμῳ εὖ πράττοντας.
8. οἱ εἰς τὴν Ἑλλάδα πεμπόμενοι ὑπὸ πάντων τιμῶνται.
9. οὐ πιστεύομεν τοῖς ὑπὸ τῶν ἡγεμόνων λυθεῖσιν.
10. ἡ χαρίεσσα γυνὴ ἐφίλει τοὺς παῖδας.

Answer 80.

1. οἱ τοῖς φύλαξι πειθόμενοι λυθήσονται.
2. αἱ χαρίεσσαι γυναῖκες οὐκ ἐπίστευσαν τοῖς τοῦ ῥήτορος λόγοις.
3. οἱ πολῖται οὐκ ἐτίμησαν τοὺς λυθέντας.
4. οἱ μαχόμενοι τριῶν μηνῶν παύσονται τοῦ ἀγῶνος.
5. ὁ ὑπὲρ τῆς πατρίδος μαχόμενος ὑπὸ πάντων τῶν Ἑλλήνων τιμᾶται.
6. οἱ λελυμένοι ἐν τῇ πόλει εἰσιν.
7. οἱ κακοὶ ῥήτορες τοῖς ἡδέσι λόγοις ἔπεισαν τοὺς πόλιτας.
8. οἱ τὸν ποιητὴν λυσάμενοι ὑπὸ τῶν πολιτῶν ἐφιλοῦντο.
9. ὁ τῶν Περσῶν βασιλεὺς οὐκ εὖ πέπραχεν ἐν τῷ πολέμῳ.
10. κήρυκα πεπόμφαμεν πρὸς τοὺς μαχομένους.

Answer 81.

1. οἱ μάχεσθαι κελευσθέντες οὐκ ἀεὶ πείθονται.
2. τιμῶμεν τοὺς τὴν μάχην παύσαντας.
3. οἱ τὴν ἐπιστολήν γράψαντες οὐκ ἐπίστευσαν τῷ κήρυκι.
4. οἱ ἄνδρες τὴν ἀρετὴν ἐδήλουν ἐν τοῖς τῆς Ἑλλάδος ἀγῶσιν.
5. οἱ πολῖται λυθέντες εὖ ποιήσουσι τὴν πατρίδα.
6. ὁ εὔφρων στρατηγὸς εὖ πεποίηκε τὴν πατρίδα.
7. ἀνδρεῖος νεανίας τὴν ἀρετὴν ἐν ἀγῶσι δηλοῖ.
8. ναῦται καὶ στρατιῶται ἦσαν ἐν ταῖς ναυσίν.
9. οἱ εὐγενεῖς τρία ἔτη εὖ ἔπραττον τὰ πράγματα.
10. οἱ τῷ τῶν Περσῶν βασιλεῖ πειθόμενοι χρήσιμοι πολῖται οὐκ ἔσονται.

Answer 82.

1. κέλευε τοὺς στρατιώτας παύεσθαι τῆς μάχης.
2. σείετε τὰ ὅπλα, ὦ φύλακες.
3. πολλαὶ νῆές εἰσιν ἐν τοῖς τῆς Ἑλλάδος λιμέσιν.
4. λῦε τοὺς τὴν πόλιν εὖ πεποιηκότας.
5. πολλὴ ἀρετὴ ἀεὶ ἐδηλοῦτο ὑπὸ τῶν ναυτῶν.
6. παῦε τὸν ἀγῶνα, ὦ κριτά.
7. σῴζετε τὴν πατρίδα τῇ ἀρετῇ, ὦ στρατιῶται.
8. κέλευε τοὺς παῖδας πείθεσθαι τῷ ῥήτορι.
9. πολλοὶ τῶν Ἑλλήνων κακῶς ἔπραξαν ἐν τῇ μάχῃ.
10. κέλευε πάντας τοὺς πολίτας τῷ στρατηγῷ πείθεσθαι.

Answer 83.

1. πολλὰ ἔργα ῥᾴδιά ἐστι νεανίᾳ.
2. ὁ κῆρυξ ἐκέλευσε πάσας τὰς πόλεις τῷ βασιλεῖ πείθεσθαι.
3. πίστευε τοῖς ὑπὲρ τῆς πατρίδος εὖ μαχομένοις.
4. ὁ τῶν Περσῶν βασιλεὺς πολλὰς πόλεις ἐδούλωσεν.
5. τάττε τοὺς ἱππέας, ὦ στρατηγέ.
6. πίστευε τοῖς τοῦ βασιλέως λόγοις, ὦ πολῖτα.
7. κήρυκα πέμπε πρὸς τῆς στρατιᾶς ἡγεμόνα.
8. θέρους θήρευε τοὺς λέοντας.
9. πολλὰ ἔτη αἱ πόλεις ἐπείθοντο τῷ βασιλεῖ.
10. δεινή ἐστιν ἡ τῶν πολλῶν δύναμις.

Answer 84.

1. ἦν πάλαι πολλὰ γένη ἐν τῇ Ἑλλάδι.
2. πιστεύετε τοῖς τοῦ Δημοσθένους ἀληθέσι λόγοις, ὦ πολῖται.
3. πιστευόντων οἱ παῖδες τοῖς πατράσι καὶ ταῖς μητράσιν.
4. πεῖθε τοὺς εὐγενεῖς σῴζειν τοὺς νόμους.
5. ἡ μήτηρ ἀεὶ εὔφρων ἦν τοῖς παισίν.
6. πολλὰ ἔτη πᾶσαι αἱ πόλεις ἐλεύθεραι ἦσαν.
7. οἱ πολλοὶ οὐκ ἀεὶ πιστεύουσι τοῖς εὐγενέσιν.
8. πεῖθε τοὺς πολίτας λύεσθαι τοὺς στρατηγούς.
9. ἐπιστολὴν γραφέτω τῷ πατρί.
10. πεῖθε τοὺς κριτὰς λύειν τὸν Σωκράτη.

Answer 85.

1. λύεσθε τοὺς ἡγεμόνας, ὦ πολῖται.
2. μεγάλη ἐστὶν ἡ τῶν εὐγενῶν δύναμις.
3. λύεσθων οἱ ἀνδρεῖοι δοῦλοι.
4. πείθου τοῖς τοῦ Σωκράτους ἀληθέσι λόγοις.
5. πεῖθε τὸν Σωκράτη τοὺς παῖδας ἐν τῇ σοφίᾳ παιδεύειν.
6. λυέσθων τοὺς ἀνδρείους στρατηγούς.
7. οἱ παῖδες οὐ θηρεύσουσι τὸν μέγαν λέοντα.
8. πολλαὶ γυναῖκες εὖ πράττουσι τὰ τῶν οἰκιῶν.
9. τὸν λέοντα ἐθήρευσαν πρὸς μεγάλας πύλας.
10. πολλοὶ ποταμοὶ καὶ μεγάλα δένδρα ἐν τῇ νήσῳ εἰσίν.

Answer 86.

1. κέλευε τοὺς παῖδας πολλὰ δῶρα πρὸς τοὺς παρέρας πέμπειν.
2. πολλοὶ τῶν δούλων τὴν ἀρετὴν ἐδήλωσαν ἐν τῷ πολέμῳ.
3. λυέσθων οἱ πολῖται ὑπὸ τῶν εὐγενῶν.
4. λυέσθων τοὺς τὴν πατρίδα σώσαντας.
5. χαλεπὸν ἔσται θηρεύειν τὸν μέγαν λέοντα.
6. πείθου τῷ πατρί, ὦ νεανία.
7. εὖ μάχεσθε, ὦ στρατιῶται, καὶ σῴζετε τὴν πόλιν.
8. σειέσθω τὰ ὅπλα ἐν τῷ στρατοπέδῳ.
9. τὰ μεγάλα ἔργα οὐκ ἀεὶ χαλεπά ἐστιν.
10. πιστευόντων τοῖς τοῦ Δημοσθένους ἀληθέσι λόγοις.

Answer 87.

1. πραττόντων αἱ γυναῖκες τὰ τῆς οἰκίας.
2. οἱ πολλοὶ οὐ σώσουσι τὴν πόλιν.
3. ἀεὶ χαλεπόν ἐστι πεῖσαι τὸν βασιλέα.
4. τὰ τῆς πόλεως πραττόντων οἱ ἄνδρες.
5. ἔπεισε τὸν γέροντα γράφειν τὴν ἐπιστολήν.
6. μεγάλη ἦν ἡ τῶν Ἑλλήνων δύναμις.
7. πείθου τῷ σοφῷ κριτῇ, ὦ πολῖτα.
8. τοῖς ὅπλοις σώσομεν τὴν πατρίδα.
9. νυκτὸς γραφήτω ἡ ἐπιστολή.
10. λύου τὸν παῖδα, ὦ γέρον.

Answer 88.

1. μὴ κελεύσῃς τὸν παῖδα γράφειν τὴν ἐπιστολήν.
2. τοῖς λόγοις κωλύσωμεν τὴν μάχην.
3. μὴ δῶρα πέμπε πρὸς τοὺς κακοὺς παῖδας.
4. τάξωμεν τοὺς στρατιώτας ἐν τῇ πόλει.
5. μὴ παῖδας πεῖθε μάχεσθαι.
6. τοῖς τοῦ βασιλέως ἡδέσι λόγοις μὴ πίστευε.
7. θηρεύωμεν τὴν ἀρετὴν καὶ σοφίαν.
8. οἱ τοῦ λέοντος ὀδόντες ὀξεῖς ἦσαν.
9. μὴ λύσῃς τὴν μέλαιναν ναῦν, ὦ ναῦτα.
10. ἀεὶ πιστεύωμεν τοῖς πατράσι καὶ ταῖς μητράσιν.

Answer 89.

1. μὴ πέμψῃς τὸν νεανίαν πρὸς τὴν πόλιν.
2. ἐπιστολὴν γράψωμεν πρὸς τὸν τῶν Περσῶν βασιλέα.
3. μὴ νῦν τάξῃς τοὺς ἱππέας.
4. μὴ σείετε τὰ ὅπλα ἐν μάχῃ.
5. τοῖς τοῦ βασιλέως εὔφροσι λόγοις πιστεύωμεν.
6. μὴ πίστευε τοῖς εὐγενέσιν.
7. οἱ τοῦ λέοντος ὀξεῖς ὀδόντες δεινοὶ ἔσονται τοῖς δούλοις.
8. μὴ νυκτὸς γράφε τὰς ἐπιστολάς.
9. λεόντων πολλὰ γένη ἐστὶν ἐν τῇ νήσῳ.
10. μὴ τάξῃς τοὺς ἱππέας ἐν τῇ ὁδῷ.

Answer 90.

1. μὴ παύσῃς τὸν ἀγῶνα, ὦ κριτά.
2. πείθεσθε τοῖς ἡγεμόσι καὶ μὴ πιστεύετε τῷ βασιλεῖ.
3. μὴ θηρεύσῃς τὸν γέροντα ἐκ τῆς πόλεως.
4. πάντες οἱ τῆς Ἑλλάδος πολῖται τότε ἐλεύθεραι ἔσονται.
5. ἓξ μῆνας ὁ ἡγεμὼν ὑπὸ τῶν πολιτῶν ἐτιμᾶτο.
6. φιλοῦμεν τοὺς πολλὰ ἔργα πράττοντας.
7. ἐτιμήθησαν ὑπὸ τῶν τὴν πατρίδα σωσάντων.
8. μὴ πίστευε τοῖς τῆς πόλεως φύλαξιν.
9. μὴ κήρυκα πέμψωμεν πρὸς τὸ στρατόπεδον.
10. οἱ τοῦ λέοντος ὀδόντες ὀξεῖς καὶ δεινοὶ ἦσαν.

Answer 91.

1. μὴ πειθώμεθα τῷ τῶν Περσῶν βασιλεῖ.
2. μὲ νῦν παύεσθε τοῦ πολέμου, ὦ πολῖται.
3. μὴ λύσησθε τὸν κακὸν βασιλέα.
4. μὴ ὑπὲρ τῶν κακῶν μάχεσθε.
5. τοῖς τοῦ ποιητοῦ λόγοις μὴ κωλυθῶμεν.
6. ὁ στρατηγὸς πρὸ τῶν τειχῶν ἔταξε τοὺς ἱππέας.
7. μὴ πίστευε τοῖς τὰ τῆς πόλεως πράττουσιν.
8. οὐ δουλώσομεν τοὺς τοῖς στρατηγοῖς πειθομένους.
9. ὑπὲρ τῆς πατρίδος εὖ μαχώμεθα.
10. λυώμεθα τὸν εὐγενῆ βασιλέα.

Answer 92.

1. τοῖς ἡδέσι λόγοις μὴ πείθεσθε.
2. μὴ πρὸς τὴν Ἑλλάδα πέμψῃς τὸν παῖδα.
3. τοῦ ἀγῶνος μὴ παυσώμεθα.
4. μὴ πᾶσιν ἀνθρώποις πείθεσθε.
5. ὑπὸ τῶν ῥητόρων μὴ πειθώμεθα.
6. οὐ πᾶσαι αἱ νῆες ἐν τοῖς λιμέσιν ἦσαν.
7. τῶν ποιητῶν καὶ ῥητόρων πολλὰ γένη ἐστίν.
8. τοῖς σοφοῖς γέρουσι πειθώμεθα.
9. κήρυκα τριῶν ἡμερῶν πέμψον.
10. μὴ τοὺς κακοὺς δούλους κροῦε.

Answer 93.

1. τιμῶμεν τοὺς τοῦ σοφοῦ ποιητοῦ λόγους.
2. πρὸ τῆς πόλεως μὴ μαχώμεθα.
3. μὴ ἀεὶ πίστευε τοῖς σοφοῖς νεανίαις.
4. οἱ ἱππῆς πρὸ τειχῶν ἐτάχθησαν.
5. σῴζωμεν τὰ μεγάλα τείχη.
6. οἱ τοῦ λέοντες ὀδόντες μεγάλοι καὶ ὀξεῖς ἦσαν.
7. ἰχθύων πολλὰ ἐστὶν ἐν τοῖς ποταμοῖς.
8. οὐ τιμᾷ τοὺς ὑπὲρ τοῦ βασιλέως μαχομένους.
9. οἱ πολλὰ ἔργα πράττοντες οὐκ ἀεὶ φιλοῦνται.
10. μὴ κήρυκας πέμψῃς πρὸς πάσας τὰς πόλεις.

Answer 94.

1. εἴθε οἱ Ἕλληνες εὖ πράττοιεν ἐν τῷ πολέμῳ.
2. κωλύσειεν ἡ θεὰ τὴν μάχην.
3. μὴ κακῶς πράττοις ἐν τῇ μάχῃ.
4. μὴ κακῶς πράξαιμεν τὰ πράγματα.
5. μὴ πίστευε τῷ τῶν ποιητῶν γένει.
6. μὴ πέμψωμεν τὰς ναῦς εἰς τὸν λιμένα.
7. τὸν βασιλέα μάχεσθαι πείσειας.
8. μὴ κελεύσῃς τοὺς δούλους μάχεσθαι.
9. μὴ βλάψωμεν τοὺς τὴν πατρίδα εὖ πεποιηκότας
10. εἴθε μὴ πρὸ τῶν τειχῶν τάξειε τοὺς ἱππέας.

Answer 95.

1. σῴζοις τὴν πατρίδα, ὦ νεανία.
2. οἱ τὴν πόλιν βλάπτοντες ὑπὸ τῶν θεῶν οὐ φιλοῦνται.
3. σώσαιμεν τὰ τῆς πόλεως τείχη.
4. τοὺς ἱππέας ἐν τῇ εὐρείᾳ ὁδῷ τάττωμεν.
5. δώδεκα ἡμερῶν ῥᾳδίως πράξουσι τὸ ἔργον.
6. εἴθε μὴ βλάψειαν τὰς ναῦς.
7. οἱ τοῦ ῥήτορος λόγοι βραχεῖς ἔσονται.
8. οἱ θεοὶ τιμῶσι τοὺς πειθομένους
9. αἱ γυναῖκες οὐκ ἀεὶ πιστεύουσι τοῖς ἀνδράσιν.
10. οἱ στρατιῶται πρὸ τῶν τειχῶν ταχθήσονται.

Answer 96.

1. καλαὶ καὶ χαρίεσσαι γυναῖκες ἐν τῇ νήσῳ εἰσίν.
2. εἴθε ὁ στρατηγὸς μὴ παύσειε τὸν ἀγῶνα.
3. μὴ βλάψῃς τοὺς τὴν πατρίδα σώσαντας.
4. ἀεὶ πιστεύωμεν τοῖς θεοῖς.
5. μὴ ἀεὶ πειθώμεθα τοῖς εὐγενέσιν.
6. τὸν ἰχθὺν ἔπεμψαν πρὸς τὸν μέγαν βασιλέα.
7. ἡ τῆς πόλεως δύναμις ἐν τῷ πολέμῳ ἐδηλώθη.
8. οἱ θεοὶ οὐκ εὔφρονές εἰσι τοῖς τὴν πατρίδα βλάπτουσιν.
9. πάντες τιμᾶσθε ὑπὸ βασιλέως.
10. ἡ τῆς πόλεως δύναμις τοῖς τῶν πολιτῶν ἔργοις δηλοῦται.

Answer 97.

1. μὴ λύοιντο οἱ δοῦλοι ὑπὸ τοῦ βασιλέως.
2. τοῖς τοῦ πατρὸς λόγοις πείθοιο.
3. σῴζωμεν τὰ ἐν τῇ νήσῳ δένδρα.
4. πᾶσα πόλις στρατιώτας πεμψάτω.
5. μὴ κωλυθείης ὑπὸ τοῦ τῶν Περσῶν ἡγεμόνος.
6. εἴθε ὁ βασιλεὺς δέκα ἡμερῶν μάχοιτο.
7. αἱ ἐν τῷ στρατοπέδῳ στρατιῶται οὐκ ἐφίλουν τὸν στρατηγόν.
8. μὴ παυοίμεθα ὑπὸ τοῦ κριτοῦ.
9. μὴ λυώμεθα πάντα τὸν στρατόν.
10. εἴθε πᾶς πολίτης εὖ μάχοιτο ὑπὲρ τῆς πατρίδος.

Answer 98.

1. εἴθε ὁ ῥήτωρ παύσαιτο τοῦ λόγου.
2. μὴ κωλυθείη τοῖς τοῦ γέροντος λόγοις.
3. πάντες εὖ πράττοιτε ἐν τῇ Ἑλλάδι.
4. πολλὰ καὶ καλὰ δένδρα ἐστὶν ἐν τῇ νήσῳ.
5. τρίτῃ ἡμέρᾳ πρὸ τῆς πόλεως ἔταξε τοὺς ἱππέας.
6. ἐπιστολὴν γράψωμεν πρὸς τοὺς τοῦ Σωκράτους παῖδας.
7. οἱ πολλοὶ πολλάκις βλάπτονται ὑπὸ τῶν εὐγενῶν.
8. τριῶν ἐτῶν οἱ θεοὶ σώσουσι πᾶσαν τὴν Ἑλλάδα.
9. μὴ κωλύοιντο τοῖς τῶν κακῶν λόγοις.
10. ῥᾴδιόν ἐστι βλάπτειν τοὺς τὰ τῆς πόλεως.

Answer 99.

1. αἱ ἐν τῇ νήσῳ ὁδοὶ μεγάλαι καὶ εὐρεῖαί εἰσιν.
2. οὐ φιλοῦμεν τοὺς τὸν ἀγῶνα παύσαντας.
3. οἱ τῆς μητρὸς λόγοι βραχεῖς καὶ ὀξεῖς ἦσαν.
4. πᾶσα ἡ νῆσος δένδρεσι καλὴ ἦν.
5. τιμῶμεν τοὺς τοῖς τῆς πατρίδος θεοῖς πειθομένους.
6. πολλοὺς καὶ ἀνδρείους στρατιώτας πρὸς τὴν Ἑλλάδα πέμπωμεν.
7. εἴθε πείθοιντο τοῖς τὰ τῆς πόλεως πράττουσιν.
8. μὴ πολλὰς ἐπιστολὰς θέρους γράφε.
9. μὴ κελεύσῃς τοὺς φύλακας τὸν Σωκράτη βλάπτειν.
10. πολλοὶ καὶ καλοὶ λιμένες εἰσὶν ἐν τῇ Ἑλλάδι.

Answer 100.

1. οἱ ἄνδρες οὐκ ἀεὶ σοφώτεροί εἰσι τῶν γυναικῶν.
2. μὴ τιμήσῃς τοὺς τῷ βασιλεῖ πειθομένους.
3. ὁ πόλεμος δεινότατος ἔσται τοῖς πολίταις.
4. ἐκέλευσε τὸν παῖδα τιμᾶν τὴν μητέρα.
5. μὴ τιμῶμεν τὸν τῶν Περσῶν βασιλέα.
6. χαλεπώτερον ἔσται πεῖσαι τὸν παῖδα.
7. εἴθε οἱ Ἕλληνες νικῷεν τοὺς Πέρσας.
8. οἱ Ἕλληνες ἐλευθερώτεροι ἦσαν τῶν Περσῶν.
9. οἱ ῥήτορες οὐκ ἀεὶ σοφώτεροί εἰσι τῶν στρατηγῶν.
10. οἱ Ἕλληνες ἐνίκησαν τοὺς νικήσαντας.

Answer 101.

1. αἱ ἐν τῷ λιμένι νῆες καλαί εἰσιν.
2. μὴ τίμα τοὺς νενικηκότας.
3. οἱ ἄνδρες ἀνδρειότεροί εἰσι τῶν γυναικῶν.
4. φιλοῦμεν τοὺς τὴν ἀρετὴν τιμῶντας.
5. ἀεὶ τιμῴην τοὺς τὴν πατρίδα σώσαντας.
6. οἱ πολλοὶ ἀεὶ τετιμήκασι τοὺς εὐγενεῖς.
7. κακὸς παῖς οὐ τιμήσει τὴν μητέρα.
8. ὁ τοῦ κριτοῦ πατὴρ σοφώτατος ἦν.
9. τιμᾶ τὸν πατέρα καὶ πείθου τοῖς νόμοις.
10. εἴθε νικῴης τοὺς Πέρσας, ὦ στρατηγέ.

Answer 102.

1. πᾶσα ἡ πόλις τιμήσει τὸν ἀνδρειότατον ἡγεμόνα.
2. ὁ Σωκράτης πάντων σοφώτατος ἦν.
3. οἱ ἀγαθοὶ πολῖται ἀεὶ τιμήσουσι τὸν Δημοσθένη.
4. πάντων ἀνθρώπων οἱ Ἕλληνες ἐλευθερώτατοι ἦσαν.
5. τιμάτω τὴν πατρίδα καὶ τὸν βασιλέα.
6. οἱ Ἕλληνες ῥαδίως νικήσουσι τὴν τοῦ βασιλέως
   στρατίαν.
7. χαλεπώτατον ἔσται νικᾶν τοὺς Πέρσας.
8. οἱ ἐν πολέμῳ νικῶντες ὑπὸ πάντων τιμῶνται.
9. μὴ ἀεὶ τιμῶμεν τοὺς νενικηκότας.
10. ἀεὶ τιμῴης τοὺς γέροντας.

Answer 103.

1. τιμῷτο ἀεὶ ὁ βασιλεύς.
2. μὴ νικηθῶμεν ὑπὸ τῶν Περσῶν.
3. οἱ Ἕλληνες τριῶν ἡμερῶν νικηθήσονται.
4. οἱ ὑπὸ τοῦ βασιλέως τιμώμενοι πλουσιώτατοί εἰσιν.
5. τιμάσθων ὑπὸ πάντων οἱ Ἕλληνες.
6. ἡδύ ἐστιν ὑπὸ τῶν πολλῶν τιμᾶσθαι.
7. ἄνθρωποι πολλοὶ καὶ πλούσιοί εἰσιν ἐν τῇ Ἑλλάδι.
8. οἱ ἐν τῇ πόλει σοφώτατοι τιμήσουσι τὸν Δημοσθένη.
9. μὴ ὑπὸ τῶν κακῶν τιμώμεθα.
10. οἱ Πέρσαι πλουσιώτεροι ἦσαν τῶν Ἑλλήνων.

Answer 104.

1. οὐ χαλεπὸν ἔσται νικᾶν τοὺς ἱππέας.
2. εἴθε οἱ θεοὶ ὑπὸ πάντων τιμῷντο.
3. ῥᾴδιόν ἐστιν ὑπὸ τῶν πολλῶν τιμᾶσθαι.
4. οἱ τῶν λεόντων ὀδόντες μεγάλοι καὶ ὀξεῖς ἦσαν.
5. οἱ ὑπὸ τῶν πολιτῶν τιμώμενοι οὐ βλάψουσι τὴν πόλιν.
6. μὴ πρὸς τοὺς πλουσίους ἐπιστολὰς γράφε.
7. εἴθε ὁ Δημοσθένης μὴ νικηθείη ἐν τῇ μάχῃ.
8. μὴ νίκα τοὺς ὑπὲρ τῆς πατρίδος μαχομένους.
9. ὁ ῥήτωρ ὑπὸ πάντων τῶν παίδων ἐτιμᾶτο.
10. μὴ πίστευε τοῖς ὑπὸ τοῦ βασιλέως τιμωμένοις.

Answer 105.

1. οἱ ἐν τῇ νήσῳ εὐγενεῖς πλουσιώτατοι ἦσαν.
2. μὴ πίστευε τοῖς τῶν νενικημένων λόγοις.
3. οἱ στρατιῶται ἀνδρειότεροι ἦσαν τῶν ναυτῶν.
4. μὴ θηρεύσῃς τοὺς Πέρσας πρὸς τάς ναῦς.
5. οἱ ἱππῆς ῥᾳδίως ἐνικήθησαν ὑπὸ τοῦ βασιλέως.
6. οἱ τοῦ ῥήτορος λόγοι ὑπὸ πάντων τιμηθήσονται.
7. ὁ Σωκράτης σοφώτερος ἦν τοῦ Δημοσθένους.
8. οἱ νενικημένοι οὐ τιμῶνται ὑπὸ τῶν νενικηκότων.
9. ὑπὸ τῶν ἀνδρειοτάτων πολιτῶν ἐτιμήθημεν.
10. πᾶσα νῆσος τότε ἐλευθέρα ἔσται.

Answer 106.

1. ἀεὶ φιλῶμεν τοὺς εὖ πεποιηκότας.
2. μὴ κακῶς πρᾶττε τοὺς δούλους.
3. οἱ τὴν πατρίδα εὖ ποιοῦντες τιμῶνται.
4. τὸν πόλεμον τοῦ χειμῶνος ποιησόμεθα.
5. μὴ πιστεύσῃς τοῖς ὑπὸ τοῦ βασιλέως φιλουμένοις.
6. ἡ πόλις φιλεῖται ὑπὸ τῶν πολιτῶν.
7. πᾶσα πόλις πολλῇ ἀρετῇ ἐποιεῖτο τὸν πόλεμον.
8. ἀεὶ τιμῶμεν τοὺς ἀνδρειοτάτους στρατιώτας.
9. οὐ πιστεύομεν τοῖς τὸν πόλεμον ποιουμένοις.
10. πολλῇ ἀρετῇ τὸν πόλεμον πρὸς τὸν βασιλέα ποιώμεθα.

Answer 107.

1. πᾶσα ἡ πόλις εὖ ἐποιήθη ὑπὸ τῶν τὰ πράγματα
   πραττόντων.
2. οἱ θεοὶ οὐ βλάψουσι τοὺς τὴν πατρίδα εὖ ποιοῦντας.
3. μὴ φίλει τοὺς τὴν πόλιν βλάπτοντας.
4. μὴ τὸν πόλεμον πολλὰ ἔτη ποιοῖντο.
5. τὸν βασιλέα καὶ τὴν πατρίδα εὖ ποιοίης.
6. πείσωμεν τοὺς πολίτας τὸν πόλεμον πολλῇ ἀρετῇ
   ποιεῖσθαι.
7. ἀεὶ φιλείτω τὸν πατέρα καὶ τὴν μητέρα.
8. αἰσχρόν ἐστι βλάπτειν τοὺς εὖ πεποιηκότας.
9. μὴ πιστεύσῃς τοῖς πείσασι τὸν βασιλέα μάχεσθαι.
10. οἱ νενικηκότες πλουσιώτεροι ἦσαν τῶν νενικημένων.

Answer 108.

1. αἰσχρὸν ἦν πρὸς τοὺς εὖ πεποιηκότας μάχεσθαι.
2. μὴ κακῶς ποιῶμεν τοὺς τὴν πατρίδα σώσαντας.
3. λυώμεθα τοὺς τὴν πόλιν εὖ πεποιηκότας.
4. μὴ φιλεῖτε τοὺς πόλεμον τιμῶντας.
5. οἱ νενικημένοι σοφώτεροί εἰσιν τῶν νενικηκότων.
6. πᾶσαι αἱ τῆς Ἑλλάδος πόλεις πολλὰ ἔτη ἐλεύθεραι ἦσαν.
7. τὸν πόλεμον ἓξ μῆνας ποιώμεθα.
8. ἡ Ἑλλὰς οὐκ εὖ πεποίηται ὑπὸ ῥητόρων.
9. οἱ τῶν ἐλευθέρων πολιτῶν παῖδες ἐν τῇ σοφίᾳ
   ἐπαιδεύθησαν.
10. μὴ χειμῶνος ποιεῖσθε τὸν πόλεμον, ὦ πολῖται.

Answer 109.

1. πᾶσαι αἱ νῆες χειμῶνος ἐν τῷ λιμένι ἀσφαλέστεραι ἔσονται.
2. μὴ δουλώσῃς τοὺς εὐγενεστάτους πολίτας.
3. αἰσχρόν ἐστι δουλῶσαι τοὺς ὑπὲρ τῆς πατρίδος μαχομένους.
4. ἀληθέστατοι ἦσαν οἱ τῶν νενικηκότων λόγοι.
5. οἱ τὴν Ἑλλάδα δουλώσαντες οὐ νῦν τιμῶνται.
6. ἀεὶ τὴν ἀρετὴν ἐν μάχῃ δηλοίης.
7. ἀσφαλέστατον ἔσται πιστεύειν τοῖς βασιλέως λόγοις.
8. μὴ ὑπὸ τῶν Περσῶν δουλώμεθα.
9. οἱ τὴν ἀρετὴν δηλοῦντες ὑπὸ τῶν παίδων φιλοῦνται.
10. μὴ δῶρα πέμψωμεν πρὸς τοὺς τὴν πόλιν δουλώσαντας.

Answer 110.

1. οἱ νενικηκότες ἐλευθερώτεροι ἔσονται τῶν δουλουμένων.
2. ἀεὶ τὴν ἀρετὴν ἐν πολέμῳ δηλοῖμεν, ὦ πολῖται.
3. ἀσφαλέστερον ἔσται τὸν πόλεμον ἦρος ποιεῖσθαι.
4. οἱ μαχόμενοι εὐγενέστεροί εἰσι τῶν δουλουμένων.
5. οἱ τοὺς θεοὺς τιμῶντες πάντων εὐγενέστατοί εἰσιν.
6. εἴθε ἡ Ἑλλὰς ὑπὸ τοῦ βασιλέως μὴ δουλωθείη.
7. μὴ δουλώσῃς τὸν τῶν ἱππέων ἀνδρεῖον ἡγεμόνα.
8. πολλὴ ἀρετὴ δηλωθήσεται ὑπὸ τοῦ κριτοῦ.
9. πᾶσα ἡ πόλις ἐδουλώθη ὑπὸ τοῦ μεγάλου βασιλέως.
10. οἱ πρὸ τῶν τειχῶν μαχόμενοι ἀσφαλέστατοι ἔσονται.

Answer 111.

1. οἱ ἐν ταῖς ναυσὶν (ἄνδρες) ἀσφαλέστεροι ἦσαν τῶν ἐν τῇ πόλει μαχομένων.
2. πολλὴ ἀρετὴ ὑπὸ πασῶν τῶν γυναικῶν ἐδηλώθη.
3. ἦρος καὶ θέρους ἡ νῆσος καλὴ ἔσται δένδρεσιν.
4. τριῶν μηνῶν τὸν πόλεμον πολλῇ ἀρετῇ ποιησόμεθα.
5. εἴθε οἱ πολλοὶ ὑπὸ τῶν εὐγενῶν μὴ δουλωθεῖεν.
6. οἱ τῶν ἐλευθέρων παῖδες τῶν δούλων σοφώτεροί εἰσιν.
7. οἱ πλουσιώτατοι πολῖται οὐκ ἀεὶ εὖ ποιοῦσι τὴν πόλιν.
8. ἡ σοφία ἐν πολέμῳ χρησιμωτάτη ἐστιν.
9. τὴν ἀρετὴν ἐν μάχῃ δηλοῦτε, ὦ πάντων ἀνδρειότατοι.
10. χαλεπώτατον ἔσται τὸν πόλεμον ἦρος ποιεῖθαι.

Answer 112.

1. τὸ ἔργον ῥᾳδίως ἐπράχθη πέντε ἡμερῶν.
2. πάντες οἱ νικηθέντες ἔφυγον πρὸς τὸ στρατόπεδον.
3. οἱ σωφρονέστατοι τεθύκασι τοῖς θεοῖς.
4. οἱ Ἕλληνες οὐ φεύξονται ἐκ τῆς χώρας.
5. τὸ χαλεπὸν ἔργον ὑπὸ τῶν ναυτῶν πέπρακται.
6. οἱ ὑπὸ βασιλέως δουλωθέντες νυκτὸς πεφεύγασιν.
7. οὐκ ἐφύγετε πρὸς τὰ τείχη, ὦ στρατιῶται.
8. οἱ ἱερῆς τεθύκασι τοῖς τῆς Ἑλλάδος θεοῖς.
9. μὴ φύγῃς τὸ τῶν Περσῶν στράτευμα.
10. οὐ τιμήσομεν τοὺς ἐκ τῆς πόλεως φυγόντας.

Answer 113.

1. τὸν εὖ πεποιηκότα ἐν πάσῃ πόλει ἐζήτηκεν.
2. οἱ στρατιῶται εὖ πεφυλάχασι τὰ τῆς πόλεως τείχη.
3. πάντα ἓξ μηνῶν ὑπὸ τοῦ ἱερέως ἐπράχθη.
4. νυκτὸς φευξόμεθα εἰς τὴν τῶν Περσῶν χώραν.
5. τρίτῃ ἡμέρᾳ οἱ τοῦ βασιλέως λόγοι εὐφρονέστεροι ἦσαν.
6. οἱ σωφρονέστεροι ἐτεθύκεσαν τοῖς θεοῖς.
7. νικηθέντες εἰς τὸ στρατόπεδον ἐφύγομεν.
8. οὐ τοὺς θεοὺς φεύξει, ὦ νεανία.
9. ὁ Σωκράτης πάντων τῶν Ἑλλήνων σωφρονέστατος ἦν.
10. ἡ πόλις ὑπὸ ναυτῶν καὶ στρατιωτῶν ἐφυλάχθη.

Answer 114.

1. οἱ τὸν Σωκράτη φυγόντες οὐκ ἐφίλουν τὴν ἀρετήν.
2. τοὺς ἐν τῇ πόλει σωφρονεστάτους ζητοῦμεν.
3. φύγωμεν τοὺς τὴν πόλιν φυλάττοντας.
4. οἱ τοῖς θεοῖς θύσαντες εὖ πεπράχασιν ἐν τῇ μάχῃ.
5. οἱ τὴν πατρίδα βλάπτοντες οὐ τοὺς θεοὺς φεύξονται.
6. δώροις τιμηθέντες ἐπίστευσαν τοῖς τοῦ κήρυκος λόγοις.
7. τὰ τείχη ἐφυλάχθη ὑπὸ τῶν ἀνδρειοτάτων πολιτῶν.
8. ἀσφαλέστερον ἔσται ταῖς γυναιξὶν ἐκ τῆς πόλεως φυγεῖν.
9. τὸ ἔργον πέπρακται ὑπὸ τοῦ τῶν ἱππέων ἡγεμόνος.
10. οἱ νενικηκότες σωφρονέστεροι ἦσαν τῶν νενικημένων.

Answer 115.

1. οἱ Ἕλληνες οὐκ ἐψεύσθησαν τοῖς τοῦ βασιλέως ἡδέσι λόγοις.
2. αἱ μέγισται πόλεις ὑπὸ τῶν νενικηκότων ἐδουλώθησαν.
3. οἱ ψευδόμενοι οὐ τιμῶσι τοὺς θεούς.
4. ἠθέλομεν τιμᾶν τὸν μέγιστον ποιητήν.
5. ἡ Ἑλλὰς ἐσώθη τῇ τῶν πόλεμον ποιουμένων ἀρετῇ.
6. οἱ ὑπὸ τοῦ ῥήτορος παιδευθέντες οὐκ ἤθελον φυλάττειν τὴν πόλιν.
7. ἠποροῦμεν πρὸς τοὺς ἱππέας μαχόμενοι
8. ὑπὸ τῆς χαριέσσης γυναικὸς πεπεισμένοι εἰσίν.
9. τὸν γέροντα ἡδέσι λόγοις ἐψεύσαμεν.
10. οἱ μείζονες ποιηταὶ οὐκ ἤθελον τιμᾶν τὸν βασιλέα.

Answer 116.

1. μὴ ψευσθῶμεν ὑπὸ τοῦ τῶν Περσῶν κήρυκος.
2. πᾶσαι αἱ νῆες ἔφυγον εἰς τοὺς τῆς Ἑλλάδος λιμένας.
3. ἀπορῶν ἐψεύσατο καὶ οὐκ ἤθελε πείθεσθαι.
4. αἱ μέγισται νῆες οὐκ ἀεὶ ἀσφαλέσταταί εἰσιν.
5. οἱ σωφρονέστατοι οὐκ ἤθελον τιμᾶν τὸν βασιλέα.
6. οἱ ἱππῆς ἐτάχθησαν πρὸ τῶν τειχῶν.
7. οἱ πλουσιώτατοι ἔπεμψαν τὰ μέγιστα δῶρα.
8. Δημοσθένης, ὁ μέγιστος ῥήτωρ, πολλάκις ἠπόρει.
9. ἡ τῶν Ἑλλήνων δύναμις τότε μείζων ἦν.
10. αἱ γυναῖκες οὐ ψευσθήσονται τοῖς τοῦ ῥήτορος λόγοις.

Answer 117.

1. εἴθε οἱ Ἕλληνες μὴ πεισθεῖεν βλάπτειν τὸν Σωκράτη.
2. αἰσχρὸν ἔσται ὑπὲρ τοῦ βασιλέως τὸν πόλεμον ποιεῖσθαι.
3. ὁ τῶν Ἑλλήνων στρατηγὸς ἠπόρει.
4. μὴ πεισθῶμεν ἐλευθέρους πολίτας δουλῶσαι.
5. οἱ Ἕλληνες οὐκ ἤθελον χειμῶνος μάχεσθαι.
6. οἱ πάντα ὑπὲρ τῆς πατρίδος πράττοντες ὑπὸ πάντων
   φιλοῦνται.
7. τοῖς τοῦ κήρυκος ἡδέσι λόγοις ἐψευσμένοι εἰσίν.
8. οἱ ἀνδρειότατοι πρὸ τῶν πυλῶν ταχθήσονται.
9. ἀποροῦντες οὐκ ἠθέλομεν πιστεύειν τῷ ἡγεμόνι.
10. αἱ γυναῖκες ἐσώθησαν ὑπὸ τῶν ἀνδρείων δούλων.

Answer 118.

1. οἱ ποιηταὶ πλεῖστα δῶρα ᾔτησαν.
2. δῶρα ἐπέμφθη πρὸς τὸν παῖδα ὑπὸ τῆς μητρός.
3. οἱ στρατιῶται, τὰς τάξεις λιπόντες, ὅπλα ᾔτησαν.
4. μὴ λίπῃς τὸν γέροντα ἐν τῇ πόλει.
5. οἱ ἐν τῇ λειφθέντες πόλλ' ᾔτησαν.
6. πλείστας ναῦς ἐν τῷ λιμένι ἔλιπον.
7. πλεῖστα δῶρα ἐπέμφθη ὑπὸ τῶν ἐν τῷ πολέμῳ εὖ
   πραξάντων.
8. οἱ Πέρσαι νενικήκασι καὶ οἱ θεοὶ λελοίπασι τὴν πόλιν.
9. ἀποροῦντες πάσας τὰς γυναῖκας ἐν ταῖς ναυσὶν
   ἐλίπομεν.
10. μὴ ἐκ τῆς πόλεως πρὸς τὸν βασιλέα πεμφθείης.

Answer 119.

1. οἱ πεμφθέντες οὐκ ᾔτησαν ὅπλα.
2. ἡδέσι λόγοις ἐψεύσαμεν τοὺς ἐν τῇ πόλει λειφθέντας.
3. πλεῖσται πόλεις πολλῇ ἀρετῇ τὸν πόλεμον ἐποιοῦντο.
4. ἀσφαλέστατον ἔσται πάσας τὰς γυναῖκας ἐν τῇ πόλει λιπεῖν.
5. ὁ στρατιώτης, ὑπὸ τοῦ στρατηγοῦ σωθείς, ἔφυγε πρὸς τὸν λιμένα.
6. εἴθε οἱ στρατιῶται μὴ λίποιεν τὰς τάξεις.
7. οἱ ἱππῆς πρὸς τὸ στρατόπεδον ἐπέμφθησαν ὑπὸ τοῦ ἡγεμόνος.
8. μὴ πολλὰ δῶρα αἰτῶμεν.
9. ἀσφαλέστερον ἔσται ἐν τῇ οἰκίᾳ λιπεῖν τοὺς παῖδας.
10. ἀποροῦντες ἔφυγον πρὸς τὸν Δημοσθένη.

Answer 120.

1. ἀληθέστατοι ἦσαν οἱ τῶν ὑπὸ τοῦ βασιλέως πεμφθέντων λόγοι.
2. ἰχθύων πολλὰ γένη ἐν τῷ ποταμῷ ἐστίν.
3. τὸ ἔργον ῥᾳδίως ἐπράχθη ὑπὸ τῶν ἐν τῇ πόλει λειφθέντων.
4. οἱ πάντα αἰτοῦντες ὑπὸ πλείστων οὐ φιλοῦνται.
5. πλεῖστα δῶρα πρὸς τοὺς εὖ πράττοντας ἐπέμφθη.
6. ὑπὸ τοῦ Δημοσθένους πεισθέντες οἱ πολῖται πολλῇ ἀρετῇ τὸν πόλεμον ποιήσονται.
7. ὁ σωθέντες ἠπόρουν καὶ ὅπλα ᾔτησαν.
8. ὁ μέγιστοι ποιηταὶ οὐκ ἀεὶ τιμῶνται ὑπὸ τῶν πολιτῶν.
9. νυκτὸς ἐφύγομεν ἐκ τοῦ λιμένος εἰς τὴν πόλιν.
10. πάντα τριῶν ἡμερῶν πραχθήσεται ὑπὸ τῶν ἐν τῇ πόλει λειφθέντων.

Answer 121.

1. οἱ Ἀθηναῖοι δέκα ναῦς ἔστειλαν.
2. αἱ νῆες δώδεκα ἡμερῶν ἐστάλησαν.
3. οἱ στρατιῶται πρὸς τὰ ὄρη φεύξονται.
4. οἱ σωφρονέστατοι οὐκ ἔπειθον τοὺς Ἀθηναίους ναῦς στέλλειν.
5. οἱ πλουσιώτατοι πολλὰς οἰκίας εἶχον.
6. πάντα ἤγγειλαν τῷ τῶν Περσῶν βασίλει.
7. καλλίστους ἵππους καὶ πλείστας οἰκίας εἴχομεν.
8. πρὸς τοὺς Πέρσας μαχόμενοι πλείστας ναῦς ἔστειλαν.
9. πλείστας ναῦς καὶ ἀνδρειοτάτους στρατιώτας ἔξομεν.
10. τὰ τῆς Ἑλλάδος ὄρη μέγιστα καὶ κάλλιστα ἦν.

Answer 122.

1. πάντα ἠγγέλθη ὑπὸ τῶν πρὸς τὸ στρατόπεδον φυγόντων.
2. ἦρος φεύξονται πρὸς τὰ τῆς Ἑλλάδος ὄρη.
3. πάντα ἠγγείλαμεν τοῖς τῶν ἱππέων ἡγεμόσιν.
4. οἱ τοὺς Ἀθηναίους πείθοντες τὸν Σωκράτη βλάπτειν οὐκ ἀγαθοὶ πολῖταί εἰσιν.
5. οἱ δοῦλοι πάντα ἤγγειλαν τῷ βασιλεῖ.
6. οἱ ψευδόμενοι οὐ πολλάκις ψεύδουσι τὸν βασιλέα.
7. οἱ σοφώτατοι ἔπειθον τοὺς Ἀθηναίους τὴν πόλιν λιπεῖν καὶ πρὸς τὰς ναῦς φυγεῖν.
8. δέκα ναῦς ἦρος στελοῦμεν.
9. οἱ Ἀθηναῖοι πάντων τῶν Ἑλλήνων σωφρονέστατοι ἦσαν.
10. οἱ πολλοὶ τιμῶσι τοὺς πλεῖστα ἔχοντας.

Answer 123.

1. μὴ νικᾶσθε, ὦ Ἀθηναῖοι, ὑπὸ τῶν τοὺς πατέρας
   φυγόντων.
2. ταῖς τοῦ κήρυκος λόγοις ψευσθέντες ναῦς ἐστείλαμεν.
3. ὑπὸ τῶν ἱππέων νικηθέντες πρὸς τὰ ὄρη ἐφύγομεν.
4. οἵ Ἕλληνες ἵππους ἐν τῇ μάχῃ οὐκ εἶχον.
5. οἱ πολῖται πεφεύγασι καὶ οἱ θεοὶ τὴν πόλιν λελοίπασιν.
6. καλλίων ἦν τῆς τοῦ Σωκράτους γυναικός.
7. οἱ πλεῖστα ἔχοντες οὐκ ἀεὶ σωφρονέστατοί εἰσιν.
8. οἱ τοῖς θεοῖς θύσαντες πολλὰ ἤγγειλαν τῷ στρατηγῷ.
9. ἡγεμόνα οὐκ καὶ πάντες οἱ στρατιῶται ἠπόρουν.
10. οἱ πολῖται ἀποροῦντες οὐκ ἤθελον φυλάττειν τὰ τείχη.

Answer 124.

1. πολλὰ βέλη ἐβάλομεν εἰς τὰς τῶν πολεμίων τάξεις.
2. οἵ Ἕλληνες προσέβαλον τοῖς τοῦ βασιλέως ἱππεῦσιν.
3. οἱ νικηθέντες νυκτὸς ἐξέφυγον ἐκ τῆς πόλεως.
4. τοὺς Πέρσας νικήσας τὰ τοῦ πολέμου συνέγραψεν.
5. τῷ τῶν Περσῶν στρατοπέδῳ οὐ προσβαλοῦμεν.
6. οἱ ἐκ τῆς πόλεως φυγόντες ἔψευσαν τοὺς φύλακας.
7. ὁ σοφὸς ἱερεὺς συνέγραψε τὰ τῶν Ἀθηναίων.
8. μὴ προσβάλωμεν τοῖς τὴν πατρίδα σώσασιν.
9. μὴ λίπητε τὰς τάξεις, ὦ στρατιῶται.
10. ναῦς στείλωμεν καὶ τοῖς πολεμίοις προσβάλωμεν.

Answer 125.

1. τὸν βασιλέα ἔπεισαν ἐκ τῆς πόλεως ἐκφυγεῖν.
2. ὑπὸ τῶν Περσῶν νικηθεὶς τὰ τοῦ πολέμου συνέγραψας.
3. πάντες οἱ θύσαντες ἤθελον προσβάλλειν τοῖς πολεμίοις.
4. οὐ φιλοῦμεν τοὺς τοῖς τείχεσι προσβάλλοντας.
5. βέλη βαλοῦμεν εἰς τὰς τῶν Περσῶν τάξεις.
6. τριῶν ἡμερῶν ἐκ τῆς οἰκίας ἐκφεύξονται.
7. τὰ τῆς πατρίδος συγγράφωμεν.
8. οἱ τῇ πόλει προσβαλόντες ἐνικήθησαν.
9. μὴ πείσῃς τοὺς φύλακας ψεύδειν τὸν ἡγεμόνα.
10. αἱ νῆες ἐστάλησαν τρίτου ἔτους.

Answer 126.

1. οἱ Ἀθηναῖοι προσέβαλον τῇ τῶν Περσῶν στρατιᾷ.
2. ἐπεθέμεθα τοῖς ἐκ νεῶν φυγοῦσιν.
3. μὴ τῷ βασιλεῖ ἀγγείλῃς τὴν τῶν Ἀθηναίων νίκην.
4. οἱ εἰς τὸ στρατόπεδον φυγόντες βέλη οὐκ εἶχον.
5. ἡ πόλις δουλωθήσεται ὑπὸ τῶν τοῖς τείχεσι νῦν
   προσβαλλόντων.
6. ἡ τῶν ἀνδρείων ναυτῶν νίκη ἠγγέλθη τοῖς πολεμίοις.
7. εἴθε οἱ τῇ πόλει προσβάλλοντες νικηθεῖεν.
8. πεῖσον τὸν ἡγεμόνα προσβάλλειν τῷ τῶν πολεμίων
   στρατοπέδῳ.
9. ἐκ τῆς οἰκίας ἔφυγες πρὸς τὸν λιμένα.
10. τὰ τοῦ μεγάλου πολέμου συνέγραψαν.

Answer 127.

1. ταχέως ἀποπέμπωμεν τοὺς τὸν γέροντα ψεύσαντας.
2. τὰ ὄρη οὐ πολὺ ἀπεῖχεν ἀπὸ τοῦ ποταμοῦ.
3. κατέλιπον τοὺς καλλίστους καὶ σωφρονεστάτους.
4. πολλοὶ τῶν εὐγενεστάτων ὑπὸ τοῦ βασιλέως
   ἀπεπέμφθησαν.
5. οἱ καταλειφθέντες ἀνδρείως προσέβαλον τοῖς πολεμίοις.
6. οἱ ἱππῆς ἀνδρειότερον ἐμάχοντο τῶν πρὸ τῶν τειχῶν
   ταχθέντων.
7. εἴθε ὁ ποιητὴς σωφρονέστερον πράττοι.
8. ὁ ποταμὸς οὐ πολὺ ἀπεῖχεν ἀπὸ τοῦ τῶν πολεμίων
   στρατοπέδου.
9. ἀπέπεμψα πάντας τοὺς πρὸς τὴν πόλιν φυγόντας.
10. οἱ ὑπὸ τοῦ ῥήτορος παιδευθέντες σοφώτερον ἔπραξαν.

Answer 128.

1. οἱ ἀνδρειότατοι οὐκ ἀεὶ σοφώτατα πράττουσιν.
2. οἱ Ἀθηναῖοι ἀεὶ ἐτίμων τοὺς πλείστην ἀρετὴν
   δηλώσαντας.
3. ἀνδρειοτάτους στρατιώτας καὶ πλεῖστα βέλη εἴχομεν.
4. ἡ τῶν Ἀθηναίων νίκη ταχέως ἠγγέλθη τῷ βασιλεῖ.
5. πάντες οἱ βέλη βαλόντες ἔβλαψαν τοὺς πολεμίους.
6. οἱ τὰ τῆς πατρίδος συγγράφοντες ὑπὸ πάντων τιμῶνται.
7. οἱ τὴν νίκην ἀγγείλαντες εὖ ἐποιήθησαν ὑπὸ τῶν
   πολιτῶν.
8. χειμῶνος προσβαλοῦμεν τοῖς τῆς πόλεως τείχεσιν.
9. ὁ τοῦ βασιλέως κῆρυξ σοφώτατα πέπραχεν.
10. ἀνδρειότατα μαχώμεθα καὶ νικῶμεν τοὺς πολεμίους.

Answer 129.

1. τὸ τοῦ στρατηγοῦ στρατόπεδον οὐ πολὺ ἀπεῖχεν ἀπὸ τῆς πόλεως.
2. μὴ ἀποπέμψῃς τὸν νεανίαν, ὦ βασιλεῦ.
3. μὴ ἐν τῇ πόλει καταλείπωμεν τὰς γυναῖκας καὶ τοὺς παῖδας.
4. οἱ ἱππῆς οὐ πολὺ ἀπεῖχον ἀπὸ τῶν πολεμίων.
5. μὴ ἐν τῇ οἰκίᾳ καταλίπῃς τὴν γυναῖκα.
6. οἱ στρατιῶται, τὰ ὅπλα καταλιπόντες, ταχέως ἔφυγον πρὸς τὸ στρατόπεδον.
7. τὰς γυναῖκας καὶ τοὺς παῖδας ἐν τοῖς ὄρεσι κατέλιπον.
8. οἱ τὸν βασιλέα πείσαντες προσβαλεῖν τῇ πόλει νυκτὸς ἔφυγον.
9. τὰ τῆς Ἑλλάδος ὄρη οὐ πολὺ ἀπεῖχεν ἀπὸ τῆς θαλάττης.
10. κήρυκα ταχέως ἀπέπεμψε πρὸς τὸν τῶν πολεμίων ἡγεμόνα.

Answer 130.

1. μεγάλαι ἦσαν αἱ τῶν Ἀθηναίων ἐλπίδες.
2. ὁ κῆρυξ ἦν μετ᾽ ἐμοῦ ἐν τῇ οἰκίᾳ.
3. οἱ πλείστην ἀρετὴν δηλοῦντες νικήσουσιν ἐν τῇ μάχῃ.
4. οἱ λυθέντες τὰς πέδας ἔθηκαν ἐν τῇ οἰκίᾳ.
5. ὁ στρατηγὸς πολλὰ δῶρα πρὸς ἐμὲ ἔπεμψεν.
6. ὁ τῶν Περσῶν βασιλεὺς ἔθηκε πολλοὺς νόμους.
7. τὰ δῶρα ἐν τοῖς νεὼς τίθεμεν.
8. τὰ ὅπλα ἐν τῇ τοῦ στρατηγοῦ οἰκίᾳ ἐτίθεσαν.
9. ἀπέπεμψαν ἡμᾶς πρὸς τὸ τῶν Περσῶν στρατόπεδον.
10. ὅπλα ἐν τῷ τῆς θεᾶς νεῷ ἐτίθεις.

Answer 131.

1. τὰ τῶν πολιτῶν δῶρα ἐν τῷ νεῷ ἔθηκαν.
2. τὰ τοῦ στρατηγοῦ ὅπλα ἐτίθει ἐν τῇ τοῦ πολίτου οἰκίᾳ.
3. ὁ ποιητὴς ἐν τῷ νεῷ θήσει τὸ τοῦ βασιλέως δῶρον.
4. τὸ πρᾶγμ' ἐμοὶ ἔπραξεν.
5. ἦσαν μετ' ἐμοῦ ἐν τῷ νεῷ.
6. ὁ βασιλεὺς πολλοὺς νόμους τέθηκεν.
7. τιθῶμεν τὰ ὅπλα ἐν τῷ τῆς θεᾶς νεῷ.
8. τὰ τῆς Ἑλλάδος μετὰ τῶν σοφωτάτων ἔπραξεν.
9. ἔπεισεν ἡμᾶς προσβαλεῖν τοῖς τείχεσιν.
10. δέκα ἡμερῶν ἀγγελοῦσιν ἡμῖν τὴν νίκην.

Answer 132.

1. οἱ νενικηκότες τρίτῃ ἡμέρᾳ κήρυκα πρὸς ἡμᾶς
   ἀπέπεμψαν.
2. ἡ πόλις ἐπίστευσεν ἡμῖν ἐν τῷ δεινῷ πολέμῳ.
3. οἱ νικηθέντες πρὸς ἡμᾶς νυκτὸς ἔφυγον.
4. οἱ ὑπ' ἐμοῦ τιμηθέντες οὐκ ἤθελον πιστεύειν τῷ βασιλεῖ.
5. ἀποροῦντες ἐκ τῆς πόλεως ἔφυγον πρὸς ἡμᾶς.
6. τὰς τάξεις λιπόντες πεφεύγασι πρὸς τοὺς Ἀθηναίους.
7. ὁ βασιλεὺς νόμους θήσει τοῖς νενικημένοις.
8. ἔθεμεν τὰ τοῦ στρατηγοῦ ὅπλα ἐν τῷ νεῷ.
9. ὁ κῆρυξ ἐζήτει ἡμᾶς ἐν τῇ πόλει.
10. εἴθε ὁ βασιλεὺς μὴ νόμους θείη τοῖς Ἕλλησιν.

Answer 133.

1. οἱ πολέμιοι προσέβαλον ἡμῖν πέμπτῃ ἡμέρᾳ.
2. οἱ Πέρσαι οὐ προσβαλοῦσιν ὑμῖν, ὦ πολῖται.
3. οἱ νόμοι τίθενται ὑπὸ τῶν τὰ τῆς πόλεως πραττόντων.
4. οἱ νικηθέντες οὐ πιστεύσουσί σοι, ὦ στρατηγέ.
5. ἔπραξάν σοι τὸ πρᾶγμα.
6. πάντες φιλοῦμεν τοὺς ἡμῖν πιστεύοντας.
7. οἱ ἐκ τῆς πόλεως φυγόντες νῦν μεθ᾽ ἡμῶν εἰσίν.
8. μὴ ἐπιθεῖντο τοῖς ἡμᾶς εὖ πεποιήκασιν.
9. μὴ ἐπιθώμεθα τοῖς ἐν τῷ στρατοπέδῳ καταλελειμμένοις.
10. οἱ ἡμᾶς δουλοῦντες ὑμᾶς δουλώσουσιν, ὦ πολῖται.

Answer 134.

1. ἀγγελοῦσί σοι τὴν τῶν ναυτῶν νίκην.
2. ἦμεν μετὰ σοῦ ἐν τοῖς τῆς Ἑλλάδος ὄρεσιν.
3. ὁ στρατηγὸς μετὰ σοῦ σοφώτατα πράξει τὰ πράγματα.
4. θέρους μετὰ τοῦ βασιλέως ἡμῖν ἐπιθήσονται.
5. ἦρος ἔσται μετὰ σοῦ ἐν τῇ Ἑλλάδι.
6. οἱ πιστεύσαντές σοι ἐψεύσθησαν, ὦ Δημόσθενες.
7. οἱ τὰ βέλη βαλόντες ἔφυγον ἐκ τῆς πόλεως.
8. τρίτῃ ἡμέρᾳ ἄγγελον πρὸς σὲ ἀπεπέμψαμεν, ὦ βασιλεῦ.
9. πολλοὶ νόμοι ὑφ᾽ ἡμῶν ἐτέθησαν ὑπὲρ τῆς πόλεως.
10. ἔπεισεν ἡμᾶς νυκτὸς τοῖς τείχεσι προσβαλεῖν.

Answer 135.

1. οἱ τὴν πατρίδα φιλοῦντες οὐ σοὶ πιστεύσουσιν.
2. οἱ τῶν πολεμίων ἱππῆς οὐ προσβαλοῦσιν ἡμῖν.
3. οἱ ἡμᾶς δουλοῦντες τὴν Ἑλλάδα δουλώσουσιν.
4. οἱ νεώτεροι ἐπίστευσάν σοι, ὦ Σώκρατες.
5. οἱ τοὺς θεοὺς τιμῶντες πείθονται τοῖς νόμους τιθεῖσιν.
6. οἱ δοῦλοι νυκτὸς ἔφυγον πρὸς ἡμᾶς.
7. εἴθε μὴ νικῴης ἡμᾶς ἐν τῇ μάχῃ.
8. οἱ ἐν τῷ στρατοπέδῳ λειφθέντες ἀνδρειότεροι ἦσαν τῶν στρατηγῶν.
9. μεγάλη στρατιὰ ὑφ᾽ ἡμῶν ἐπέμφθη εἰς τὴν Ἑλλάδα.
10. οἱ ἡμᾶς βλάψαντες οὐκ ὠφελήκασι τὴν πατρίδα.

Answer 136.

1. τοὺς Πέρσας νικήσαντες οἱ Ἀθηναῖοι τροπαῖον ἔστησαν.
2. ὁ παῖς ἔστηκεν ἐν τῇ εὐρείᾳ ὁδῷ.
3. θέρους πολλὰς ἐπιστολὰς πρὸς αὐτὸν ἐπέμψαμεν.
4. οἱ νενικημένοι οὐ στήσουσι τροπαῖον.
5. ὁ βασιλεὺς ἀπέπεμψεν αὐτὸν πρὸς τὸν τῶν Ἑλλήνων ἡγεμόνα.
6. οἱ φύλακες ἔστησαν πρὸ τῶν τῆς πόλεως πυλῶν.
7. ὁ στρατηγὸς τροπαῖον ἵστησιν ἐν τῷ νεῴ.
8. πάντες οἱ Ἀθηναῖοι ἐτίμων καὶ ἐφίλουν αὐτόν.
9. ἐκελεύσαμεν αὐτὸν ἐν τῷ νεῴ τιθέναι τὰ ὅπλα.
10. ἐν τῷ πολέμῳ εὖ πράξαντες τροπαῖον ἐστήσαμεν.

Answer 137.

1. ἠγγείλαμεν αὐτῷ τὴν τοῦ στρατηγοῦ νίκην.
2. οἱ ἐν τῇ ὁδῷ ἑστηκότες οὐ πολὺ ἀπεῖχον ἀπὸ τοῦ στρατοπέδου.
3. ὁ στρατηγὸς τροπαῖον ἔστησεν ἐν τῷ τῆς θεᾶς νεῴ.
4. οἱ τῆς πόλεως νόμοι οὐκ ὑπ᾽ αὐτοῦ τίθενται.
5. ἔστημεν μετ᾽ αὐτοῦ πρὸ τῶν τειχῶν.
6. οἱ τοὺς πολεμίους νικῶντες πολλάκις τροπαῖα ἱστᾶσιν.
7. καὶ σοὶ καὶ αὐτῷ ἐπιστεύομεν ἐν τῷ πολέμῳ.
8. οἱ Ἀθηναῖοι ἐθελήσουσιν ἀποπέμπειν σε πρὸς τὸν βασιλέα.
9. ἔστης μετ᾽ ἐμοῦ ἐν τῇ ὁδῷ.
10. ἐζητήσαμεν αὐτὸν ἐν τοῖς τῆς Ἑλλάδος ὄρεσιν.

Answer 138.

1. τροπαῖον ἱστῶμεν ἐν τῇ νήσῳ, ὦ Δημόσθενες.
2. ὑπὸ τοῦ Σωκράτους πεισθέντες ἐπαιδεύσαμεν αὐτὸν ἐν τῇ σοφίᾳ.
3. ὁ βασιλεὺς ἦν μετ᾽ αὐτοῦ ἐν τῷ στρατοπέδῳ.
4. ἔστημεν μετὰ σοῦ ἐν τῇ ὁδῷ.
5. τὸ ἔργον χαλεπώτατον ἔσται ὑμῖν, ὦ πολῖται.
6. εἴθε οἱ Πέρσαι μὴ τροπαῖον ἐν τῇ νήσῳ στήσειαν.
7. μὴ πείσῃς αὐτὸν ἐκ τῆς πόλεως φεύγειν.
8. οἱ τοῦ λέοντος ὀξεῖς ὀδόντες οὐ βλάψουσιν αὐτόν.
9. πᾶσα πόλις κήρυκας ἀπέπεμψε πρὸς τὸν βασιλέα.
10. οἱ τὰς τάξεις λιπόντες ἵππους οὐκ εἶχον.

Answer 139.

1. τοῦ θέρους ἀπέστησαν ἀπὸ τῶν Ἀθηναίων.
2. τροπαῖα ὑπὸ τῶν νενικημένων οὐχ ἵσταται.
3. ὁ ἐμὸς πατὴρ ἐκέλευσεν αὐτὸν παύεσθαι τοῦ ἔργου.
4. οὐκ ἀποστησόμεθα ἀφ᾽ ὑμῶν, ὦ Ἀθηναῖοι.
5. τὰ ἐμὰ ὅπλα ἐν τῷ στρατοπέδῳ ἦν.
6. ἡ νῆσος ἀφέστηκεν ἀπὸ τῶν Ἀθηναίων.
7. ἀπέστης τοῦ τῶν Περσῶν βασιλέως.
8. ἡ ἐμὴ οἰκία οὐ πολὺ ἀπεῖχε τῆς θαλάττης.
9. τῶν Ἀθηναίων ἀποστάντες ἠπόρουν.
10. ὁ ἐμὸς πατὴρ ἐν τῷ νεῷ ἔθηκε τὰ ὅπλα.

Answer 140.

1. ὁ παῖς ἐπαιδεύθη ἐν τῇ σοφίᾳ ὑπὸ τῆς ἐμῆς μητρος.
2. οἱ γέροντες ἔπεισαν ἡμᾶς ἀποστῆναι.
3. οἱ ἀποστάντες ἐν τῇ ὁδῷ ἐτάχθησαν.
4. ὁ ἐμὸς ἀδελφὸς συνέγραψε τὰ μεγάλου πολέμου.
5. ἡ ἐμὴ γυνὴ ἐπιστολὴν ἔγραψε τῇ μητρί.
6. ὁ ἐμὸς παῖς ἐπείσθη τοῖς τοῦ ῥήτορος ἡδέσι λόγοις.
7. οἱ ἀνδρειότατοι στρατιῶται ἀπέστησαν τοῦ βασιλέως.
8. ὁ ἐμὸς πατὴρ πάντων τῶν Ἑλλήνων σωφρονέστατος ἦν.
9. ἐπιστολὴν πρὸς σὲ γράψουσιν, ὦ πάτερ.
10. μετὰ τοῦ παιδὸς πρὸ τῆς οἰκίας ἔστηκεν.

Answer 141.

1. οἱ σωφρονέστατοι οὐκ ἀποστήσονται ἀπὸ τοῦ βασιλέως.
2. ὁ στρατηγὸς ἐκέλευσέ με πρὸ τῶν τειχῶν στῆναι.
3. οἱ ὅπλα αἰτοῦντες οὐ φεύξονται τοὺς πολεμίους.
4. ὁ ἐμὸς πατὴρ ἤγγειλε τὴν τῶν Ἀθηναίων νίκην.
5. ἡ ἐμὴ μήτηρ πλουσιωτάτη ἦν καὶ πολλὰς οἰκίας εἶχεν.
6. τὰ τῆς ἐμῆς πατρίδος ὄρη καλὰ δένδρεσιν ἦν.
7. οἱ μετ᾽ ἐμοῦ ἐν τῇ ὁδῷ ἑστηκότες ἀνδρειότατα ἐμάχοντο.
8. τοὺς Πέρσας νικήσας τροπαῖον ἵστησιν.
9. ὁ τοῖς βασιλεῦσι πιστεύων πολλάκις ψεύδεται.
10. ὁ ἐμὸς πρατὴρ τριῶν ἡμερῶν μετὰ σοῦ ἔσται.

Answer 142.

1. ἔδοσαν ἡμῖν πολλοῦς ἵππους καὶ μεγάλας οἰκίας.
2. πολλὰ δῶρα ἐδίδοσαν τοῖς στρατιώταις.
3. ἔδωκέ μοι τὸ τοῦ λέοντος σῶμα.
4. πάντα δώσομεν τοῖς τὴν πόλιν σῴζουσιν.
5. οἱ θεοὶ ἔδωκαν ἡμῖν τὴν νίκην.
6. ἀεὶ δίδου τοῖς αἰτοῦσιν.
7. ὁ σὸς πατὴρ ἐκέλευσέ με τοῖς νόμοις πείθεσθαι.
8. ὦ Σώκρατε, πεῖθε τὸν παῖδα τιμᾶν τὴν μητέρα.
9. πάντες τῷ σῷ πατρὶ ἐπιστεύομεν ἐν τῇ μάχῃ.
10. ὁ κριτὴς δώροις ἐπείσθη λύειν τὸν σὸν ἀδελφόν.

Answer 143.

1. ἐν τῇ οἰκίᾳ ἔθεμεν πάντα τὰ ὅπλα.
2. ὁ σὸς πατὴρ τροπαῖον ἔθηκεν ἐν τῇ νήσῳ.
3. τὴν τοῦ πατρὸς ἀρετὴν εἶχον.
4. εἴθε οἱ πολῖται πολλά σοι δῶρα δοῖεν.
5. οἱ Ἀθηναῖοι οὐ τότε ἐτίμων τοὺς βασιλέας.
6. ἡ σὴ οἰκία πολὺ ἀπεῖχεν ἀπὸ τοῦ ποταμοῦ.
7. ὅπλα δῶμεν τοῖς ἐν τῷ στρατοπέδῳ καταλελειμμένοις.
8. πάντα τὰ ὅπλα τοῖς δούλοις ἔδωκα.
9. ἡ σὴ μήτηρ ἀποροῦσα ἀπέπεμψέ με πρὸς τὸν βασιλέα.
10. μὴ πολλὰ αἴτει· δίδου πάντα.

Answer 144.

1. πᾶσαι αἱ πόλεις ἀπέστησαν τοῦ βασιλέως.
2. πολλὰ καὶ καλὰ δῶρα ἐδώκαμεν τῷ κριτῇ.
3. οἱ ἵπποι χρησιμώτεροι ἡμῖν ἦσαν ἢ τοῖς δούλοις.
4. οὐ κάλλιστον ἔσται πάντα δοῦναι τοῖς πολεμίοις.
5. ὁ κριτὴς σωφρονέστερος ἦν τοῦ ποιητοῦ.
6. πάντα τοῖς ἀδελφοῖς διδόασιν.
7. πολλοὺς μῆνας ἦν μετ᾽ αὐτοῦ ἐν τῇ Ἑλλάδι.
8. ἦσαν μεθ᾽ ἡμῶν πολλοὶ ναῦται ἐν τῷ λιμένι.
9. μὴ δῶρα δίδου τοῖς ἐλευθέροις πολίταις.
10. ἀληθέστατοι ἦσαν οἱ τῆς ἐμῆς μητρὸς λόγοι.

Answer 145.

1. πολλὰ δῶρα ἐδόθη ἡμῖν ὑπὸ τῶν πατέρων.
2. ὁ στρατηγὸς προὔδωκε τὴν πόλιν τοῖς πολεμίοις.
3. ὁ σὸς ἀδελφὸς οὐ προδώσει τὴν πατρίδα.
4. τῇ τῶν ἡμετέρων πατέρων ἀρετῇ ἐσώθητε.
5. οἱ ἀποροῦντες ἀεὶ πρὸς τὴν ἡμετέραν πόλιν ἔφευγον.
6. ἡ πόλις προὐδόθη ὑπὸ τῶν φυλάκων.
7. οὐ πάντα δίδομεν τοῖς αἰτοῦσιν.
8. αἱ οἰκίαι ἐδόθησάν μοι ὑπὸ τοῦ ἀδελφοῦ.
9. ἡ ἡμετέρα πόλις ὑπὸ τῶν φυλάκων προδοθήσεται.
10. πάντες οἱ τοὺς θεοὺς τιμῶντες φιλοῦσι τοὺς ἡμετέρους
νεώς.

Answer 146.

1. δὸς ὅπλα τοῖς δούλοις καὶ φύλαττε τὴν οἰκίαν.
2. ὁ βασιλεὺς ἐσώθη μετὰ φυγόντων.
3. μὴ προδῶμεν τοὺς πρὸς ἡμᾶς πεφευγότας.
4. πολλὰ δῶρα δίδοται τοῖς ἐν τῷ ἀγῶνι νικῶσιν.
5. ὅπλα ἐδόθη τοῖς ἐκ τῆς πόλεως φυγοῦσιν.
6. μὴ προδοθείη ἡ πόλις.
7. μὴ δῷς τὸν ἵππον τῷ σῷ ἀδελφῷ.
8. οἱ ἡμέτεροι πατέρες ἀπέστησαν τῶν Περσῶν.
9. τὰ τῆς ἡμετέρας πατρίδος συνέγραψεν.
10. κήρυκα ἀπέπεμψαν πρὸς τὸν ἡμέτερον βασιλέα.

Answer 147.

1. μὴ προσβάλῃς τῇ ἡμετέρᾳ πόλει, ὦ βασιλεῦ.
2. οἱ τὴν ἡμετέραν πατρίδα βλάπτοντες οὐ φιλοῦνται ὑπὸ τῶν θεῶν.
3. ἡ πόλις πᾶσαν τὴν ἐλπίδα θήσει ἐν τῇ ἡμετέρᾳ ἀρετῇ.
4. τοῦ ἦρος ἡ ἡμετέρα νῆσος καλή ἐστι δένδρεσιν.
5. μὴ προδῷς τοὺς πιστεύσαντάς σοι, ὦ βασιλεῦ.
6. μὴ τοῖς εὐγενέσι προδῶμεν τὴν ἡμετέραν πόλιν.
7. οἱ ἀνδρειότατοι στρατιῶται μεθ᾽ ἡμῶν ἦσαν ἐν τῇ πόλει.
8. ἀπέπεμψάν με μετὰ τοῦ ἀδελφοῦ πρὸς τὴν Ἑλλάδα.
9. οἱ ἡμέτεροι στρατιῶται ἐπαύσαντο τῆς μάχης.
10. οἱ τὴν πόλιν προδόντες ἐν τῇ ὁδῷ ἑστήκασιν.

Answer 148.

1. οἱ νενικηκότες ἔρχονται πρὸς τὴν πόλιν.
2. πρὸς τὰ τῆς Ἑλλάδος ὄρη ἤλθομεν.
3. οἱ ἐν τῇ πόλει (ὄντες) νικηθήσονται.
4. πρὸς τὸ τῶν Περσῶν στρατόπεδον ἴωμεν.
5. ἀεὶ ἐλευθέρα εἴη ἡ ὑμετέρα πόλις, ὦ Ἀθηναῖοι.
6. ἦλθε μεθ᾽ ἡμῶν πρὸς τὸν βασιλέα.
7. μετὰ τὴν μάχην ἴμεν πρὸς τὸν λιμένα.
8. ὁ στρατιώτης πρὸς τὴν ἡμετέραν πόλιν εἶσιν.
9. ἀνδρεῖοι ἔστε ἐν τῇ μάχῃ, ὦ στρατιῶται.
10. στρατηγὸς ἀπεδείχθη ὑπὸ τοῦ βασιλέως.

Answer 149.

1. μετὰ τὴν νίκην οἱ Ἀθηναῖοι στρατηγὸν ἀπέδειξαν τὸν Δημοσθένη.
2. εἰς τὴν οἰκίαν ἐλθὼν ἔδωκέ μοι τὰ ὅπλα.
3. ἐπείσαμεν τὸν βασιλέα εἰς τὴν Ἑλλάδα ἐλθεῖν.
4. ἀνδρειότερος εἴης τοῦ πατρός.
5. μὴ μετὰ τοῦ βασιλέως εἰς τὴν νῆσον ἔλθοις.
6. οἱ ἐκ τῆς πόλεως φυγόντες πρὸς σὲ ἴασιν.
7. ὁ νόμος ἐτέθη ὑπὲρ τῶν πρὸς τὴν ἡμετέραν πόλιν ἐλθόντων.
8. πρὸς τὴν γῆν ἔλθωμεν καὶ λέοντας θηρεύσωμεν.
9. σοφώτερος εἴης τοῦ κριτοῦ.
10. εἰς τὴν νῆσον ἐλθόντες τροπαῖον ἔστησαν.

Answer 150.

1. τρίτῃ ἡμέρᾳ ἔλθωμεν πρὸς αὐτόν.
2. εἰς τὴν Ἑλλάδα ἴασι μετὰ τῶν ἐν τῇ μάχῃ νικησάντων.
3. μετὰ τὸν πόλεμον πρὸς πάσας τὰς τῆς Ἑλλάδος πόλεις ἦλθον.
4. δεκάτῃ ἡμέρᾳ πρὸς τὴν πόλιν ἤλθομεν.
5. ἐκέλευσε τὸν κήρυκα πρὸς τὸν βασιλέα ἰέναι.
6. αἱ νῆες πρὸς τὸν λιμένα ἐλθοῦσαι ἀσφαλεῖς ἦσαν.
7. εἰς τὴν Ἑλλάδα ἦλθον μετὰ τῶν ἀποστάντων.
8. ὁ βασιλεὺς τὴν πόλιν ἔδωκε τοῖς Ἀθηναίοις.
9. πολλοὺς νόμους θεὶς ἐκ τῆς πόλεως ἦλθεν.
10. ἀνδρειότατοι οὐκ ὄντες τὴν ἀρετὴν οὐ τιμῶσιν.

Answer 151.

1. πάντες ἐθαύμαζον ταύτην τὴν πόλιν.
2. οἱ τὴν ἀρετὴν τιμῶντες τὸν Σωκράτη θαυμάσονται.
3. οἱ ἱππῆς ἀνδρειότατα ἐμάχοντο ὑπὲρ τῆς Ἑλλάδος.
4. ἡ τοῦ Δημοσθένους νίκη ηὔξησε τὴν τῆς πόλεως τιμήν.
5. ταῦτα τὰ δῶρα ἡδέα ἦν τῷ βασιλεῖ.
6. ὁ σὸς πατὴρ ἀεὶ ἐθαύμαζε ταύτην τὴν πόλιν.
7. χαλεπὸν ἔσται τοῖς ἱππεῦσιν ἐν τούτοις τοῖς ὄρεσι μάχεσθαι.
8. οὗτοι οἱ ποιηταὶ ὑπὸ πάντων τῶν πολιτῶν ἐθαυμάσθησαν.
9. οἱ Ἕλληνες πολλὰ καὶ καλὰ δῶρα ἔδωκαν τούτῳ τῷ στρατηγῷ.
10. αὗται αἱ γυναῖκες ὑπὲρ τῆς πατρίδος μαχοῦνται.

Answer 152.

1. πάντες ἐτίμησαν τὴν ταύτης τῆς γυναικὸς ἀρετήν.
2. οἱ τοὺς Ἕλληνας θαυμάζοντες πολλάκις πρὸς τὴν Ἑλλάδα ἔρχονται.
3. οἱ τὴν ἀρετὴν δηλώσαντες τὴν τῆς πατρίδος τιμὴν ηὔξησαν.
4. αὕτη ἡ πόλις τοὺς ποιητὰς καὶ ῥήτορας ἐθαύμαζεν.
5. οὗτοι οἱ παῖδες νυκτὸς ἦλθον πρὸς τὰ ὄρη.
6. οὗτος ὁ ἵππος ἐδόθη μοι ὑπὸ τοῦ ἀδελφοῦ.
7. μετὰ ταύτην τὴν μάχην πολλοὶ ἐδουλώθησαν ὑπὸ τοῦ βασιλέως.
8. οἱ πολῖται θαυμάσονται τοὺς εὖ μαχομένους.
9. οὗτοι οἱ ναῦται τὴν πόλιν προὔδωκαν τοῖς πολεμίοις.
10. ἐν ταύτῃ τῇ νήσῳ πολλὰ καὶ καλὰ δένδρα ἐστιν.

Answer 153.

1. μὴ θαυμάζωμεν τοὺς τὴν πατρίδα προδόντας.
2. οἱ τοῦ βασιλέως παῖδες ηὔξησαν τὴν τῆς πόλεως τιμήν.
3. αὕτη ἡ γυνὴ τρεῖς ἀδελφοὺς εἶχεν.
4. μὴ θαυμάζετε τοὺς ψευδομένους.
5. μὴ τροπαῖον στήσῃς ἐν ταύτῃ τῇ νήσῳ.
6. πᾶσα πόλις τὴν ἡμετέραν ἀρετὴν θαυμάσεται.
7. αὗται αἱ νῆες νυκτὸς ἦλθον εἰς τὸν λιμένα.
8. τέτταρας ἡμέρας οὗτοι οἱ στρατιῶται ἐν τῷ στρατοπέδῳ ἦσαν.
9. ταῦτα χαλεπὰ οὐκ ἔσται σοφῷ παιδί.
10. αὕτη ἡ στρατιὰ ἐνικήθη ὑπὸ τῶν ἀποστάντων.

Answer 154.

1. οἱ στρατιῶται τρίτῃ ἡμέρᾳ εἰς ἐκείνην τὴν πόλιν ἐπορεύθησαν.
2. ἐν τῷ στρατοπέδῳ μενοῦμεν μετὰ τοῦ στρατηγοῦ.
3. μετὰ τὴν μάχην οἱ πολῖται δῶρα ἔδοσαν τοῖς στρατιώταις.
4. πᾶσαι αἱ νῆες ἐν τῷ λιμένι ἔμειναν.
5. οἱ τὴν νίκην ἀγγείλαντες εἶπον τοῦτο.
6. μὴ τοῦτ' εἴπωμεν τοῖς τὴν πόλιν προδοῦσιν.
7. οὐ τοῦτ' ἐροῦμεν τῷ τοῦ παιδὸς πατρί.
8. οἱ πρὸς τὴν πόλιν ἐλθόντες τοῦθ' ἡμῖν εἶπον.
9. τοῦτο εἰπόντες πρὸς τὰ τῆς πόλεως τείχη ἦλθον.
10. δέκα ἡμέρας μετὰ τοῦ βασιλέως ἐπορευόμεθα.

Answer 155.

1. οἱ ἱππῆς ἐν ἐκείνῃ τῇ ὁδῷ ἐτάχθησαν.
2. ὁ κριτὴς ἐπείσθη ἐκεῖνο λέγειν.
3. μὴ τοῖς πολίταις εἴπῃς ἐκεῖνο, ὦ Δημόσθενες.
4. ἐκεῖνο εἰπὼν ἐπαύσατο τοῦ λόγου.
5. ὁ βασιλεὺς εἶπέ μοι τοῦτο τῇ δευτέρᾳ ἡμέρᾳ.
6. ὁ παῖς τῇ μητρὶ τοῦτ᾽ οὐκ εἶπεν.
7. πρὸς τὴν πόλιν πορευθέντες τοῦτο ἀγγελοῦμεν.
8. ἐν ἐκείνῃ τῇ νήσῳ αἱ γυναῖκες πολλὴν τιμὴν ἐδέχοντο.
9. ῥᾴδιον ἔσται αὐξάνειν τὴν ταύτης τῆς πόλεως τιμήν.
10. οἱ σοὶ λόγοι ἀληθέστατοι καὶ σωφρονέστεροι ἦσαν τῶν ἐμῶν.

Answer 156.

1. μὴ βλάψωμεν τοὺς τοῦτο εἰπόντας.
2. μετὰ τοῦθ᾽ οἱ πλουσιώτατοι πρὸς τὸν βασιλέα ἦλθον.
3. οἱ ἐν τῇ πόλει λειφθέντες ἐν ταῖς οἰκίαις ἔμειναν.
4. φεύξει ἡμᾶς, ὦ Σώκρατες.
5. μὴ τῆς ἐλπίδος ψευσθείης.
6. πολλὰς ναῦς στείλαντες, οἱ Ἀθηναῖοι ἐλθεῖν ἐκέλευσε τὸν κήρυκα.
7. ἐκεῖνος (ὁ ἀνὴρ) οὐ θαυμάσεται τὰ τῆς Ἑλλάδος ὄρη.
8. ὁ σὸς πατὴρ εἶπέ μοι τοῦτο.
9. ἴθι μετὰ τοῦ ἀδελφοῦ πρὸς τὰς πύλας.
10. ἐν τῇ πόλει μενεῖτε, ὦ στρατιῶται, καὶ ἀνδρειότατα μαχεῖσθε.

Answer 157.

1. ἐβουλόμεθα πέμπειν αὐτοὺς πρὸς τὸν βασιλέα αὐτόν.
2. οἱ δοῦλοι οὐ πολλάκις ποιηταὶ γίγνονται.
3. ἀπεκτείναμεν τοὺς τὴν πόλιν προδόντας.
4. οἱ πρὸς τὴν πόλιν ἐλθόντες ἀπέθανον.
5. αὐτοὶ ἀποκτενοῦμεν τοὺς ἀφεστηκότας.
6. ὁ βασιλεὺς τριῶν ἡμερῶν ἀποθανεῖται.
7. αὐτὸν τὸν στρατηγὸν ἀπέκτειναν.
8. αὐτὸς ἀποκτενεῖ τοὺς φεύγοντας.
9. οἱ ἐκ τῆς πόλεως ἐκφυγόντες ἀπέθανον.
10. ὁ παῖς νυκτὸς ἀπέθανεν.

Answer 158.

1. οἱ μένοντες ὑπὸ τῶν φυλάκων ἀποθανοῦνται.
2. πολλὰ δῶρα δεξάμενος ἀπέθανεν.
3. τοῦτο τῷ στρατηγῷ αὐτῷ εἶπεν.
4. οὐ δοῦλοι γενησόμεθα.
5. αὐτὸς ὑπὸ τῶν Ἀθηναίων ἀπέθανεν.
6. αὐτοὶ ἐβούλεσθε θηρεύειν τὸν λέοντα.
7. ὁ Δημοσθένης οὐκ ἔπεισεν αὐτοὺς τοὺς πολίτας.
8. ὑπὸ τῶν τῆς πόλεως φυλάκων ἀποθανεῖ.
9. ὁ ποιητὴς στρατηγὸς οὐ γενήσεται.
10. αὐτὸς ὁ Σωκράτης ἐκεῖν οὐκ ἐρεῖ.

Answer 159.

1. σοφώτερος γένοιο πατρός.
2. μὴ ἀπόκτεινε τοὺς τὴν πόλιν εὖ πεποιηκότας.
3. μὴ πρὸς αὐτὸν τὸν βασιλέα πορευθῶμεν.
4. μετὰ τοῦτο αὐτὴ ἐλθεῖν ἐβούλετο.
5. πάντας τοὺς ἐν τῇ οἰκίᾳ (ὄντας) ἀποκτενοῦμεν.
6. αὐτὸς ὁ στρατηγὸς ὑπὸ σοῦ ἀπέθανεν.
7. αὐτὸς μετ' ἐμοῦ πρὸς το ὄρος ἦλθεν.
8. αὐτὸς ἡδέσι λόγοις ἐψεύσθης.
9. οἱ θεοὶ αὐτοὶ ἔδωκαν ἡμῖν ταύτην τὴν πατρίδα.
10. μένωμεν αὐτοὶ ἐν τῇ πόλει.

Answer 160.

1. ὁ κῆρυξ τῇ τετάρτῃ νυκτὶ ἀφίκετο.
2. ἡ πόλις αὐτὴ διεφθάρη ὑπὸ τῶν πολεμίων.
3. πέντε ἡμερῶν εἰς τὴν πόλιν ἀφιξόμεθα.
4. διέφθειρε πάσας τὰς τῶν Ἀθηναίων ναῦς.
5. μὴ διαφθείρωμεν τὰ τῆς πόλεως τείχη.
6. πολλὰ δῶρα πρὸς ἡμᾶς ἐπέμφθη ὑπὸ τοῦ αὐτοῦ ἀνδρός.
7. αἱ νῆες τῇ αὐτῇ ἡμέρᾳ ἀφικνοῦνται εἰς τὸν λιμένα.
8. οἱ πολέμιοι διέφθειραν τὰ μεγάλα τείχη.
9. τεττάρων μηνῶν ἀφίξονται εἰς τὴν αὐτὴν πόλιν.
10. πάντα διεφθάρη ὑπὸ τῶν ἀποστάντων.

Answer 161.

1. εἰς τὴν πόλιν ἀφικόμενος ἤγγειλε τὴν νίκην.
2. οὗτος ὁ στρατηγὸς οὐ νικήσει τὸν τῶν Περσῶν βασιλέα.
3. οὐκ ἤθελον πείθεσθαι τοῖς αὐτοῖς ἡγεμόσιν.
4. οἱ φύλακες αὐτοὶ ἀπέθανον ὑπὸ τῶν πολεμίων.
5. ὁ Σωκράτης οὐ διέφθειρε τοὺς ἐν τῇ πόλει νεανίας.
6. μὴ διαφθείρητε τὰ τῆς πόλεως τείχη, ὦ Ἀθηναῖοι.
7. ὁ Δημοσθένης αὐτὸς ἔπεισεν αὐτοὺς πορεύεσθαι.
8. οἱ αὐτοὶ στρατιῶται νυκτὸς προσέβαλον (ἐπέθεντο) τῇ πόλει.
9. ὁ βασιλεὺς αὐτὸς οὐ πολὺ ἀπεῖχε τῶν ἱππέων.
10. μετὰ τρεῖς ἡμέρας ὁ στρατηγὸς ἀφίκετο μετὰ τῆς αὐτῆς στρατιᾶς.

Answer 162.

1. οἱ πολλὰ γράφοντες οὐκ ἀεὶ ποιηταὶ γίγνονται.
2. τὴν πόλιν διαφθείρας ἐβουλήθη πάντας τοὺς πολίτας ἀποκτείνειν.
3. εἰς τὴν Ἑλλάδα ἀφικόμενος ἐβουλήθη εἰς τὰ ὄρη ἐλθεῖν.
4. ὁ αὐτὸς ἀνὴρ προὔδωκε τὴν πόλιν τοῖς πολεμίοις.
5. πρὸς τὴν νῆσον ἐλθὼν κήρυκα ἀπέπεμψεν.
6. ἡ ἡμετέρα πόλις οὐ δέξεται τοὺς σοὺς νόμους.
7. ἡ αὐτὴ γυνὴ τοῦθ’ ἡμῖν εἶπεν.
8. αὐτοὶ οὐκ ἀεὶ τὰ αὐτὰ θαυμάζομεν.
9. οἱ εἰς τὴν πόλιν ἀφικόμενοι τὰ αὐτὰ ἤγγειλαν.
10. πάντες ὑπὸ τοῦ αὐτοῦ ῥήτορος ἐψεύσθημεν.

Answer 163.

1. τῇ τετάρτῃ ἡμέρᾳ τὴν πόλιν ἐλάβομεν.
2. αὐτὸν τὸν βασιλέα οὐκ ὀψόμεθα.
3. τὴν αὐτὴν γυναῖκα εἶδον ἐν τῇ ὁδῷ.
4. πολλὰ καὶ καλὰ δένδρα ὁρῶμεν ἐν τῇ νήσῳ.
5. τριῶν ἡμερῶν ληψόμεθα τὴν πόλιν.
6. εἰς τὸν νεὼν ἀφικόμενος τὸν αὐτὸν ἱερέα εἶδεν.
7. οἱ ἀγαθοὶ κριταὶ οὐ δῶρα λαμβάνουσιν.
8. μὴ ἴδοιμεν τὴν πόλιν διεφθαρμένην.
9. οὐκ ὄψει τοὺς βασιλέα ἀποκτείναντας.
10. μὴ πορευθῇς εἰς τὴν Ἑλλάδα μετὰ τῆς αὐτῆς στρατιᾶς.

Answer 164.

1. οὐκ εἴδομεν τοὺς τὰ τείχη διαφθείραντας.
2. τὰς αὐτὰς γυναῖκας ἐν τῷ νεῷ ὀψόμεθα.
3. οἱ ἀνδρειότατοι ναῦται οὐ πολλάκις ποιηταὶ γίγνονται.
4. τὴν πόλιν λαβὼν μετὰ τῆς αὐτῆς στρατιᾶς ἀφίκετο.
5. ὁ Σωκράτης αὐτὸς οὐκ ἐβούλετο ἰδεῖν αὐτόν.
6. τὰ αὐτὰ ἐροῦμεν τοῖς στρατιώταις καὶ ναύταις.
7. οἱ τὸν βασιλέα ἰδόντες ἐθαύμασαν τὴν ἀρετὴν αὐτοῦ.
8. λάβωμεν τὴν πόλιν καὶ τροπαῖον στήσωμεν.
9. οἱ σοφώτατοι οὐκ ἀεὶ τὰ αὐτὰ λέγουσιν.
10. τὴν πόλιν λαβόντες τοῖς Ἀθηναίοις ἔδωκαν.

Answer 165.

1. εἰς τὴν νῆσον ἀφικόμενοι ἀνδρειότατα ἐμαχέσαντο.
2. οἱ δῶρα λαμβάνοντες οὐκ ἀεὶ τιμῶσι τοὺς δόντας.
3. ὁ ποιητὴς σοφώτερον εἶπε τοῦ ῥήτορος.
4. ἐβουλόμεθα πλεῖστα αἰτεῖν.
5. οἱ ὅπλα λαβόντες ὑπὸ τῶν φυλάκων ἀπέθανον.
6. τοὺς νεὼς ἰδόντες οὐ μενοῦμεν ἐν τῇ πόλει.
7. οἱ τὴν θεὰν ἰδόντες ἀποθανοῦνται.
8. ὁ αὐτὸς στρατηγὸς εἶδεν ἡμᾶς ἐν τῇ νήσῳ.
9. ἐκεῖναι αἱ πόλεις ὑπὸ τοῦ αὐτοῦ στρατιώτου διεφθάρησαν.
10. ἀποκτενοῦμεν τοὺς τὴν πόλιν προδόντας.

Answer I.

1. In the countries of the Muse.
2. You loosen the Muse.
3. He stops the battles.
4. I loosen the fetters of the goddess.
5. They stop the battle.
6. We loosen the goddesses.
7. The virtue of the Muses.
8. He stops the battle in the country.
9. We loosen a goddess.
10. We stop a battle.

Answer II.

1. We shall prevent the goddess.
2. They will pursue wisdom and virtue.
3. I shall loosen the fetters in the house.
4. We are hunting in the country.
5. The goddess stops the battle.
6. You prevent the victory of the army.
7. You will pursue virtue.
8. The army will stop the battle.
9. We shall pursue honour.
10. You will loosen the fetters.

Answer III.

1. The steward was preventing the victory.
2. We were stopping the battle.
3. You were pursuing virtue and wisdom.
4. We shall loosen the fetters of the judge.
5. The young man will hunt in the country.
6. We were loosening the fetters in the house.
7. You will train the young men in wisdom.
8. We were hunting wisdom out of the country.
9. The judges were training the citizens.
10. The citizen was stopping the battle.

Answer IV.

1. The sailor pursued the soldier out of the house.
2. He trained the sailor in wisdom.
3. They trained the young men and soldiers.
4. They prevented the victory of the goddess.
5. The sailors stopped the battles.
6. The soldiers pursue virtue.
7. The judge will hunt in the country.
8. The young men will prevent the victory of the citizens.
9. The judges will stop the fight.
10. They hunted in the country of the goddess.

Answer V.

1. You have trained the citizens, judge.
2. The men will pursue virtue.
3. The general has prevented the victory.
4. We have loosened the sailors and soldiers.
5. He has trained the young men in wisdom.
6. The soldier has set the sailor free.
7. The words of the generals will stop the battle.
8. The war will free the citizens.
9. By your words you have prevented the victory, judge.
10. We have not trained the young men in war.

Answer VI.

1. They had freed the judge's slave.
2. They had brandished the arms in the battle.
3. The general had struck the slave.
4. By my words I had prevented the war.
5. You had freed the soldiers and sailors.
6. The war will prevent the deed.
7. The gifts of the goddess are in the house.
8. There are trees in the countries.
9. By their deeds they have prevented the war.
10. The horse is in the river.

Answer VII.

1. The wise judge will train the young man.
2. (The) soldiers trust their general in (the) battle.
3. We struck the head of the clever young man.
4. The good slaves are training the horse.
5. The soldier's arms are in the house.
6. The friendly soldiers are in the camp.
7. We pursued the men into the road.
8. The words of the judge are wise.
9. He pursues the sailor to the gates.
10. The arms of the goddess are in the river.

Answer VIII.

1. The judge's brother was not a poet.
2. We were in the country of the goddess.
3. The generals were useful in the war.
4. The good judges trust the laws.
5. The words of the judge are useful.
6. He often prevents a battle in the island.
7. The general was friendly to the good judge.
8. The river is useful to the citizens.
9. The road was useful to the soldiers.
10. The man's arms were in the river.

Answer IX.

1. The deeds will be difficult to the judge.
2. The goddess will shake the earth.
3. It will be difficult to trust the slave.
4. The judge's speech will be honourable.
5. The wisdom of the generals was useful in the battle.
6. He (I) was not often in the island.
7. The base slaves were not in the house.
8. The citizens will not be free.
9. The horses' heads are beautiful.
10. The tongue is often useful.

Answer X.

1. We shall free the brave slaves.
2. The good judges trusted the laws.
3. The wise goddess trusted the man.
4. We have not loosened the horses.
5. The judge will often strike the base slave.
6. The horses' heads were ugly.
7. We shall stop the battle by our wise words.
8. It will be difficult to train the base slave.
9. The deeds will be difficult for the man.
10. We shall be the stewards of the country.

Answer XI.

1. The guard trusted the herald.
2. We shall draw up the soldiers in the battle.
3. The citizens did not transact the affairs of the island.
4. The heralds will fare badly in the road.
5. We have transacted the affairs of the islands badly.
6. He has drawn up the soldiers in the roads.
7. They drew up the sailors in the roads.
8. We ordered the general to transact the affairs of the islands/
9. The judge will not trust the herald.
10. The general fared well in the wars.

Answer XII.

1. He sent heralds to the islands.
2. We ordered the generals to send gifts.
3. We have sent beautiful gifts to the sailors.
4. The goddess will fare badly in the war.
5. The poet will send a present to the general.
6. The judge will be in the camp.
7. He will send horses to the judges.
8. You will send a herald into the camp.
9. He has sent a herald to the gates.
10. He will send the brave soldier to the general.

Answer XIII.

1. We saved our country by our valour.
2. He ordered the slave to preserve the tree.
3. It will be difficult to trust the old men.
4. The young man ordered the slave to keep the arms.
5. We shall preserve our country from a terrible war.
6. We shall order the slaves to pursue the lion.
7. The judge's brother will keep the laws.
8. They advise the slave to loosen the fetters.
9. You have persuaded the judges to train the young man.
10. You will not persuade the old man, slave.

Answer XIV.

1. We shall trust the leaders for four days.
2. On the third day they pursued the heralds out of the island.
3. We were in the country for seven months.
4. On the tenth day he will send gifts to the judges.
5. They will be in the island for ten days.
6. He will transact the affairs of the islands well for seven months.
7. The contest will be terrible for the brave young men.
8. The soldiers' arms were in the house for six months.
9. They kept the judge's letters for eight months.
10. He ordered the slave to transact the affair by night.

Answer XV.

1. The citizens will not ransom Demosthenes.
2. The kindly generals will ransom the brave soldiers.
3. The words of Demosthenes were not true.
4. We persuaded the young men to hunt the lion by night.
5. It will be difficult to transact the affairs of the leaders.
6. We wrote letters to the kind old man.
7. They persuade the nobles to write letters.
8. We shall ransom the old man in four months.
9. They will send letters to the nobles.
10. The good slaves will ransom the young man.

Answer XVI.

1. The words of the Greeks were not true.
2. On the sixth day they ceased from the battle.
3. They sent five letters to Demosthenes.
4. They ransomed the good guards and the brave slaves.
5. The general did not ransom the poet.
6. The words of the good slave will be true.
7. The race of poets was not friendly to the slaves.
8. There are three races of Greeks.
9. They will cease from the terrible war in four months.
10. In five years there will be no lions in the country.

Answer XVII.

1. The young man has ransomed the slaves.
2. The old men had ransomed the guard.
3. The power of the city will be terrible.
4. The cities were not friendly to the heralds.
5. We have ransomed the brave guards.
6. The nobles will cease from the contests.
7. We had ransomed the useful slaves.
8. The battle will cease on the first day.
9. He had ransomed the guards of the city.
10. They sent the old men to the gates of the city.

Answer XVIII.

1. The brave slaves were freed by the general.
2. We were freed by the soldiers.
3. The roads of the island were not broad.
4. You were freed by the citizens, Demosthenes.
5. The soldier's words will be pleasing to the general.
6. In five months we shall ransom the leader's brother.
7. It will be pleasant to write letters to Socrates.
8. The battle was prevented by the young man.
9. There were beautiful fishes in the broad river.
10. The kind citizen persuaded the slave to send gifts to the judge.

Answer XIX.

1. We shall be freed by Demosthenes.
2. The old man will be freed by the king.
3. He transacts the affairs for the king well.
4. The cavalry will be set free by the generals.
5. We shall be prevented by the wise words of the poet.
6. The leaders drew up the cavalry in the road well.
7. It will be difficult to persuade the kings.
8. The arms were useful to the Persians in the battle.
9. They will be prevented by the king's soldiers.
10. The sailor's fetters were loosened by the slave.

Answer XX.

1. We honoured the words of the clever poet.
2. He is honoured by the king's guards.
3. We are honoured by the wise old men.
4. The king used to honour clever boys by gifts.
5. The laws of the city were not honoured by the orators.
6. The gods were honoured by the Greeks with contests.
7. You were honoured by the king, poet.
8. The wise poets were always honoured in the cities.
9. I (they) used to honour the brave guards of the city.
10. You are honoured by (the) orators and poets.

Answer XXI.

1. The city was loved by the brave citizens.
2. The mothers loved their children.
3. The fathers honoured the orator in their speeches.
4. The king's sons used to benefit the city.
5. We benefit our country by our deeds.
6. They love and honour their father and mother.
7. You are well treated by the brave general.
8. I (they) treated the sailors and soldiers badly.
9. The boy's gift will be pleasing to the king.
10. In five months we shall cease from the contest.

Answer XXII.

1. We showed our valour by our deeds.
2. Good men do not enslave their brothers.
3. The poet is loved by the free citizens.
4. You are not loved by the soldiers, general.
5. You are not showing valour, men.
6. We men enslave a man, we cities a city.
7. The valour of the generals is shown by deeds.
8. The mother did not believe the man's words.
9. The orator shows courage and wisdom.
10. The cities were being enslaved by the Persians.

Answer XXIII.

1. There were black ships in the broad river.
2. We shall show our valour by our deeds.
3. We shall honour the gods by contests.
4. We shall love the free citizens of Greece.
5. You will show the courage of your fathers.
6. You will always honour the king of the Persians.
7. The boys will always honour their mothers.
8. The men believed the pleasant words of their wives.
9. The black ship will be loosed by the brave sailors.
10. The wife of the Persian wrote a letter to the general.

Answer XXIV.

1. We persuaded the old men to ransom their sons (the boys).
2. We shall order the soldiers to cease from the battle.
3. It will be a splendid thing to have freed Greece.
4. We ordered the stewards to manage the affairs of the houses.
5. Valour will be shown by the slaves.
6. We used formerly to be loved by the citizens.
7. It will not be honourable to be set free by a slave.
8. Kings used formerly to be loved by the citizens.
9. In summer it will be pleasant to have ceased from work.
10. We shall persuade the leaders to ransom the herald.

Answer XXV.

1. Those who trust the laws will trust the judges.
2. The general, having persuaded the soldiers, wrote a letter.
3. Having freed the sailors they ceased the war.
4. He honours those who saved his country.
5. Having prevented the battle they sent a herald.
6. Having persuaded the citizens we shall cease from our speech.
7. We honour those who prevent fights.
8. The soldiers did not love those who had prevented the victory.
9. Brave men do not honour those who are always brandishing their arms.
10. Those who trust the king will not fare well in Greece.

Answer XXVI.

1. It will be easy for those who fare well to obey the king.
2. Those who ransomed the sailors were loved by the citizens.
3. The king honoured the woman who had set her husband free.
4. Men honour women who manage the affairs of their houses.
5. The women loved the man who had ransomed the boys (their sons).
6. Those who ransom soldiers are loved by all.
7. The king will trust those who fight for their country.
8. All honour those who have fared well in the war.
9. The words of the steward were not pleasing to the old man.
10. You do not always honour those who have saved their country.

Answer XXVII.

1. Having been freed by the king, he now honours the Persians.
2. We do not love those who strike women.
3. We do not honour those who are struck by women.
4. All trust the graceful women.
5. Those who were freed by the general will be useful in the war.
6. There were soldiers and sailors in the island.
7. Women who manage the affairs of their houses well are not always graceful.
8. Those who are freed do not always love those who free them.
9. We all love graceful women.
10. We shall not honour those who are saved by (the) women.

Answer XXVIII.

1. Loose the ships, sailors.
2. Stop the fight, herald.
3. Let him order the soldiers to fight well.
4. Trust those who save Greece.
5. Let them stop the contest of the young men.
6. Advise the generals to send a herald.
7. Prevent those who hunt.
8. Let them set the horseman free.
9. Order the boy to write a letter to his father.
10. The king ordered the general to draw up all the cavalry.

Answer XXIX.

1. Ransom the brave soldiers, citizens.
2. Let all the slaves be set free.
3. Cease from the contest, young man.
4. Let (the) young men trust (the) old men.
5. Let the fetters of the slaves be loosened.
6. Let the arms be struck by the soldiers.
7. Order the boys to love their mother.
8. Cease from the work, sailors.
9. Let him who manages the affairs of the city badly be prevented.
10. Let the citizens order (someone) to send ships (i.e. order ships to be sent).

Answer XXX.

1. Let us not hunt in the country.
2. Do not always trust those who fare well.
3. Let us advise those who manage the affairs of the city.
4. Do not set the bad generals free.
5. It is disgraceful to obey slaves.
6. Do not order the boys to do dishonourable things.
7. Do not stop the honourable contest.
8. Let us obey those who train the boys.
9. You were enslaving free men, citizens.
10. Let the cities of the Persians be enslaved.

Answer XXXI.

1. Do not ransom the bad soldiers.
2. Let us all prevent him who is saving the city.
3. Do not prevent him who is saving the city.
4. It is not easy to advise clever men.
5. Let us not ransom the slaves.
6. Let us not be prevented by the orators.
7. Do not send the orators to the enemy.
8. There are many who are fighting the king.
9. Do not cease from the war.
10. Let them loose the ships in the harbour.

Answer XXXII.

1. Oh that the gods may hinder the enemy's ships.
2. May the citizens not injure the orator.
3. May you all fare well.
4. May the orator advise the king!
5. Let us not injure friendly men.
6. May he not stop the contest of the orators.
7. Do not trust the nobles.
8. May I save my father.
9. May they draw up the cavalry in the road.
10. You will write many letters.

Answer XXXIII.

1. May we not be stopped by the judges.
2. Oh that the sailors in the city may obey the general.
3. May you ransom all the army.
4. Obey the words of the wise.
5. May those who transact the affairs of the city not be prevented.
6. Oh that the cavalry may be sent.
7. Many and disgraceful are the words of bad men.
8. Do not make the orator cease from his words.
9. Let us obey those who are stopping the contest.
10. Oh that I may be saved within six days.

Answer XXXIV.

1. It is difficult to conquer the Greeks.
2. In Greece we used to honour orators.
3. Do not honour the conquered.
4. The Greeks used to conquer the Persians.
5. The tasks of the boys are very difficult.
6. May we conquer in the battle.
7. Overcome the wicked by virtue.
8. Those who transact the affairs of the city are wiser than the generals.
9. The war is more terrible than the wars of old times.
10. Those who honoured the gods will conquer.

Answer XXXV.

1. Orators used to be honoured in Greece.
2. Let the wise be honoured by all.
3. May Demosthenes be honoured by the citizens.
4. You will be honoured by the nobles, young man.
5. May we not be conquered, citizens.
6. The Persians have often been conquered by the Greeks.
7. Free men are braver than slaves.
8. The slaves were honoured with gifts.
9. Do not always honour the rich.
10. Oh that the nobles may not be conquered by the rich.

Answer XXXVI.

1. They made war against the Persians all the summer.
2. Let us treat those who fight for their country well.
3. May they all fare well.
4. Let us not make war against the Greeks.
5. Do not trust those who love what is bad.
6. The nobles were not loved by the citizens.
7. We shall do everything on behalf of those who benefited the city.
8. The old man was not loved by his children.
9. It is disgraceful to treat those who are honoured by the citizens badly.
10. May you not treat those who honour the law badly.

Answer XXXVII.

1. Greece was not enslaved by the Persians.
2. May you not be enslaved by the nobles, citizens.
3. Do not show the letters.
4. It will be safer to send gifts to the king.
5. The trees in the city are blacker than those in the island.
6. You are being enslaved by bad men, boy.
7. Everything will be revealed to the heralds.
8. Let everything be revealed to the leaders.
9. I (they) displayed the arms in the camp.
10. May he not honour him who enslaved the city.

Answer XXXVIII.

1. The camp was well guarded by the young men.
2. Those who are seeking the arms will be well guarded.
3. The old men have guarded the city and the ships bravely.
4. I have sought the priests in the city.
5. We have preserved all the trees.
6. The more temperate men have escaped in the ships.
7. All those who have sacrificed will fly.
8. Everything has been done, and all the generals are under guard in the city.
9. We ordered those who were being guarded by the soldiers to fly from the camp.
10. Oh that the slaves may flee.

Answer XXXIX.

1. I was deceived by those who were transacting the affairs of the city.
2. Oh that the general may be persuaded to guard the city.
3. The soldiers were perplexed and would not seek the river.
4. The army has been drawn up in the road and is very large.
5. The city has been guarded and all have been saved.
6. Let us draw up the larger army in the road.
7. Those who have been deceived will not be saved.
8. Those who were drawn up by the general wished to fight bravely.
9. All had been persuaded to guard the walls.
10. The king sent the greater gifts.

Answer XL.

1. Many fled and more were left in the city.
2. We left the boys in the house.
3. The herald has been sent to the king.
4. Let us send the guards to the harbour.
5. Those who have been sent by the general are in the city.
6. We asked for many gifts, and the priests are asking for more.
7. We have been left in the island for eight years.
8. Do not leave the ships in the sea.
9. The gifts of the king are very numerous.
10. The letters had been written by the herald.

Answer XLI.

1. Everything has been announced to the Athenians.
2. I (they) advised the citizens to send the army to the mountains.
3. Those who were sent will announce everything.
4. Many ships were fitted out by the Athenians.
5. Those who have most will not always conquer.
6. The most beautiful girls will not persuade the king.
7. The nobles had a well-equipped army.
8. We ordered the herald to announce everything.
9. The letter was written by those who had benefited the city.
10. The more beautiful horses are not always the more useful.

Answer XLII.

1. We attacked the enemy's cavalry.
2. He was writing a history of the Athenians.
3. Those who guard the city will not escape.
4. The sea injured the ships.
5. The priests were escaping from the country.
6. Let us advise the general to attack the walls.
7. We shall do everything (i.e. our utmost) while seeking the leader.
8. Having sought the leader all day we were perplexed.
9. Many men have written a history of the great war.
10. Many weapons were being thrown into the camp.

Answer XLIII.

1. The harbour was far distant.
2. Of that the king may not leave the guards behind.
3. They quickly despatched the herald to the enemy.
4. Let us attack the camp in the mountains very bravely.
5. Those who trust the orators will do everything more temperately.
6. The battle was very soon announced in the city.
7. Those who were left behind in the ship acted more wisely.
8. It will be safer to escape from the city and to guard the harbour.
9. Do not always announce bad things.
10. The task is not hard and will easily be accomplished by the kind men.

Answer XLIV.

1. We shall seek the gifts in the temple.
2. The rich were unwilling to enact laws on behalf of the many.
3. They placed all the gifts in the very beautiful ship.
4. Those who are with us will not harm the country.
5. Let us enact laws very widely and very temperately.
6. Having placed the gifts in the temple and having left everything behind they escaped to us.
7. The task has been accomplished by me.
8. He was placing the arms in the house.
9. Oh that the wisest men may enact the laws.
10. Send your brother to me and do not write a letter.

Answer XLV.

1. Let us not attack those who are with Demosthenes.
2. The slaves attacked the free.
3. Those who conquer will enact laws for the conquered.
4. The sailors will not attack us.
5. (The) laws were enacted on behalf of the many.
6. Let the arms be placed in the house.
7. Do not harm those who trust you.
8. Those who were sent by you are with us.
9. They are attacking the camp bravely.
10. Oh that the laws of the city may be enacted by the wise.

Answer XLVI.

1. We ordered them to set up a trophy in the island.
2. The sailors are standing in the broad river.
3. The heralds stood before the walls.
4. Both the conquerors and the conquered were setting up trophies.
5. Stand with me in the gates.
6. Let the conquerors set up a trophy for the battle on the walls.
7. Let us not set up a trophy.
8. Do not stand with them in the road.
9. The enemy despatched him to the camp.
10. Those who have fled from the battle do not set up trophies.

Answer XLVII.

1. My letter was written by my brother.
2. Those who were in the island were revolting from the Athenians.
3. Let us not revolt from those who treat us well.
4. Those who revolted in the war did not fare well.
5. The trophy was set up by those who had conquered you.
6. The Persians ordered them to set up trophies.
7. Those who are standing in the road are heralds.
8. My gifts are more beautiful than those sent by you.
9. The many were prosperous and unwilling to revolt.
10. The women will announce the victory of the Athenians.

Answer XLVIII.

1. We give the greater gifts to the rich.
2. They were giving the arms to the soldiers.
3. May the gods give us courage.
4. We have given the greatest task to you.
5. The citizens gave the house to Demosthenes.
6. Do not give to the prosperous.
7. The ships are more useful to us than the soldiers.
8. Your words are truer than mine.
9. The Athenians wished to give everything to the poets.
10. He who gives to all is loved by all.

Answer XLIX.

1. Our city was betrayed by the guards.
2. Let us not betray those who formerly benefited us.
3. Things given to the rich are not useful.
4. Those who have betrayed our country are flying to you.
5. The horse was given to the bravest soldier.
6. The most beautiful gifts are given to the rich.
7. Our cities will be betrayed to the enemy.
8. Many cities will revolt in the winter.
9. May the temples not be betrayed.
10. Let us give the arms to those who are standing on the wall.

Answer L.

1. Let us go against the enemy.
2. Having come to us they were in our house.
3. He was going with his brothers.
4. Go to your city, young men.
5. The ship will be in the harbour in the ninth day.
6. They were showing the most beautiful temples.
7. After the battle Demosthenes was appointed general.
8. Oh that the boys may come safely.
9. My brother will go to the city and will seek the judge.
10. Be brave, young man, and guard those who trust you.

Answer LI.

1. These men have announced the victory.
2. These ships were given to the citizens by Demosthenes.
3. These trees were admired by the Persians.
4. May the gods increase the courage of the citizens.
5. The hope of the soldiers was increased by this victory.
6. Those who had fought on the mountains were going to the city by night.
7. We admired the gifts of these women.
8. They ordered the heralds to go to the camp and announce everything to those who had revolted.
9. The courage of this woman is greater than that of the men.
10. Do not admire those who harm their country.

Answer LII.

1. Let us remain in that house.
2. Those who remained in the city received many gifts.
3. Say this to those who were sent by the general.
4. We shall not say this to the judges.
5. They ordered the army to march on the sixth day.
6. The sailors were remaining in the ships.
7. The camp is in those mountains.
8. That tree is more beautiful than this.
9. We shall remain standing in the road.
10. We were marching in that country for three days.

Answer LIII.

1. The citizens themselves did not wish to revolt.
2. You will be killed by your friends themselves.
3. He did not wish to become leader.
4. Not having killed the king they were put do death themselves.
5. The woman herself killed the man.
6. Let us not kill those who have fled to us.
7. Having done this you will become king of the whole country.
8. Become leader of those who revolted and you will conquer.
9. Having received guards he used to treat the citizens badly.
10. Having said this he wished to go to the harbour.

Answer LIV.

1. Having marched by a very difficult road they arrived at the camp.
2. The herald has arrived and will announce the same things himself.
3. Let us not destroy the property of friendly men.
4. The same walls protect both the city and the harbour.
5. It will be safer to destroy the house itself.
6. We shall not save what was destroyed by the enemy.
7. The city has been destroyed and all the people in it are dead.
8. The men and the women had the same courage.
9. Oh that the ships may arrive at the harbour.
10. The same citizens once saved the city and are now destroying it.

Answer LV.

1. I saw those who had been captured by the cavalry.
2. Having seen the guards we did not remain.
3. Let us not accept the gifts of bad men.
4. Our city has often bee taken by the same enemy.
5. May we not see the same things.
6. Having taken the cities we shall destroy everything in them.
7. The swift ships will not be taken.
8. I myself have seen more terribly things in the former wars.
9. Having quickly arrived at the temple, kill the priest.
10. The same man having become general used to treat the soldiers badly.

THE END

Printed in Great Britain
by Amazon